# 实用教师口语

主编：王会成　张志勇　陈爱艳

北京理工大学出版社
BEIJING INSTITUTE OF TECHNOLOGY PRESS

**图书在版编目（CIP）数据**

实用教师口语/王会成，张志勇，陈爱艳主编 . —北京：北京理工大学出版社，2018.8

ISBN 978 - 7 - 5682 - 5972 - 9

Ⅰ . ①实…　Ⅱ . ①王…②张…③陈…　Ⅲ . ①汉语 - 口语 - 高等学校 - 教材　Ⅳ . ①H193.2

中国版本图书馆 CIP 数据核字（2018）第 171016 号

出版发行 / 北京理工大学出版社有限责任公司

社　　址 / 北京市海淀区中关村南大街 5 号

邮　　编 / 100081

电　　话 / (010) 68914775（总编室）

　　　　　 (010) 82562903（教材售后服务热线）

　　　　　 (010) 68948351（其他图书服务热线）

网　　址 / http：//www. bitpress. com. cn

经　　销 / 全国各地新华书店

印　　刷 / 北京国马印刷厂

开　　本 / 787 毫米 × 1092 毫米　1/16

印　　张 / 8　　　　　　　　　　　　　　　　　　　责任编辑 / 张慧峰

字　　数 / 182 千字　　　　　　　　　　　　　　　　文案编辑 / 张慧峰

版　　次 / 2018 年 8 月第 1 版　2018 年 8 月第 1 次印刷　责任校对 / 周瑞红

定　　价 / 38.00 元　　　　　　　　　　　　　　　　责任印制 / 李　洋

师者，所以传道授业解惑也。传、授、解，当然要有渊博的知识储备和深厚的文化底蕴做基础。但仅有知识和底蕴是远远不够的，知识和底蕴还需要一个良好的输出渠道，这样才能更有效地传递给学生，这个渠道就是口语表达能力。

汉语口语教学在整个教育体系中地位是相当尴尬的。在多数高等院校中，口语课往往被置于专业课乃至公共课之下，成为三流课程。殊不知，口语表达能力的欠缺会严重影响知识的传递与信息的交流，无论是专业课还是公共课，甚至包括技能课都有赖于口语课建立起来的顺畅的传送渠道。

此外，汉语口语课还是培养学生审美能力，提升审美情趣的重要手段。朗读教会我们体验美，朗诵教会我们创造美，演讲让我们激情澎湃，讲故事让我们重拾爱与童心。

基于此，我们精心编写了这部《实用教师口语》。

本教材着眼于"内容的实用性""材料的丰富性"和"训练的针对性"，是几位作者数十年口语教学经验的总结。

口语涵盖的范围很广，从最基础的语音、字词、文段，到朗读、朗诵、演讲、主持，甚至包括谈话方式、沟通技巧，等等，不一而足。而我们只选取了在日常教学和学生日后工作中使用范围最广、使用频率最高的几项来重点训练，突出内容的实用性。

本教材从基础语音开始，逐步逐级讲解训练，讲练结合。知识讲解部分，我们努力做到详细缜密，通俗易懂，剔除生涩拗口的专业术语，用生活化的语言解释专业知识。材料训练部分，尽量追求材料丰富，难易适中。另外，在材料的选择上更加注重丰富性与趣味性相结合，使学生在获得海量资料的同时，可以在轻松愉快的氛围中理解理论、完成训练，从而提高口语水平。

本教材针对不同类型的院校及不同专业的学生，在通用内容的基础上，设计了相应的针对性章节。教学过程中可以根据实际情况适当增删。第一章至第四章为基础技能训练。这是一切口语技能的基础，教学中可以针对学生的基础水平，做适当的调整。第五章朗诵，主要针对中文或相关专业的学生以及朗诵爱好者。第六章讲（编）故事训练，主要为学前教育专业学生设计，帮助他们打好基础，练好从教基本功。第七章演讲训练、第八章主持训练，主要训练一些日常工作中常用到的技能，无论何种院校何种专业都可以适当学习，以备不时之需。第九章解说（导游）训练，本章内容对日常交际能力的提升有很大帮助，建议各专业学生在课时允许的情况下，适当了解、掌握，也可以增强表达能力，提升个人魅力。第十章是辩论相关知识与技巧。

希望我们这部倾心之作，能让您耳目一新。如能对您的教学工作、对您的口语训练有些许帮助，我们将感到荣幸之至。

本教材在编写过程中参阅了许多相关的教材和书籍，也使用了一些互联网上的相关资料，其中一部分资料未能确定作者或无法联系到作者。在此除感谢之外，也真诚希望您见书后与我们取得联系。同时我们也对阅读和使用本教材的老师和同学们表示感谢，我们期待着您的反馈意见。您的意见和建议，将是我们继续改进本教材的动力和指引。

**《实用教师口语》编写组**

# 目 录

# 第一章

# 语音知识基础

## 一、声　　母

一般来说，现代汉语中一个汉字对应一个音节，而一个音节又由声母、韵母、声调三部分构成。

声母：声母是指汉语音节开头的辅音。普通话里共有 22 个声母（包括"零声母"）。分别是：b、p、m、f、d、t、n、l、g、k、h、j、q、x、zh、ch、sh、r、z、c、s。

下面简要介绍声母发音方法。

b：发音时，双唇闭合，软腭上升堵塞鼻腔通路，然后双唇打开，气流骤然冲出，爆发成声。声带不振动。

| | | | | |
|---|---|---|---|---|
| 宝贝 | 版本 | 报表 | 本部 | 必备 |
| 背部 | 蚌埠 | 标本 | 百变 | 不变 |
| 不便 | 补办 | 白板笔 | 部编本 | |

p：发音方法与 b 基本相同，区别在于 p 除阻时气流较强。

| | | | | |
|---|---|---|---|---|
| 品牌 | 匹配 | 批评 | 偏僻 | 乒乓 |
| 平铺 | 澎湃 | 跑偏 | 偏旁 | 拼盘 |
| 破皮袍 | 琵琶谱 | 噼噼啪啪 | | |

m：发音时，双唇闭合，软腭下降，打开气流的鼻腔通路，使气流从鼻腔流出。声带振动。

| | | | | |
|---|---|---|---|---|
| 密码 | 秘密 | 面膜 | 买卖 | 命名 |
| 卖萌 | 蒙面 | 眉目 | 茂名 | 美满 |
| 盲目 | 命名 | 买木门 | 莫迷茫 | |

f：发音时，上齿接近下唇，形成窄缝，软腭上升堵塞鼻腔通路，气流从唇齿间的窄缝挤出，摩擦成声。声带不振动。

| | | | | |
|---|---|---|---|---|
| 方法 | 丰富 | 防范 | 付费 | 复发 |
| 发放 | 仿佛 | 翻番 | 犯法 | 防腐 |
| 非法 | 吩咐 | 防反复 | 付饭费 | |

d：发音时，舌尖抵住上齿龈，软腭上升堵塞鼻腔通路，然后舌尖离开上齿龈，气流骤然冲出，爆发成声。声带不振动。

| | | | | |
|---|---|---|---|---|
| 得当 | 地点 | 待定 | 道德 | 调动 |
| 达到 | 订单 | 淡定 | 单独 | 低调 |
| 懂得多 | 督导队 | 单打独斗 | | |

t：发音方法与 d 基本相同，区别在于 t 除阻时气流较强。

| | | | | |
|---|---|---|---|---|
| 头疼 | 天堂 | 探讨 | 团体 | 淘汰 |
| 头条 | 铁塔 | 妥帖 | 疼痛 | 挑剔 |
| 天台 | 坍塌 | 通天塔 | 听涛图 | |

n：发音时，舌尖抵住上齿龈封闭气流的口腔通路，软腭下降，打开气流的鼻腔通路，使气流从鼻腔流出。

| | | | | |
|---|---|---|---|---|
| 男女 | 牛奶 | 南宁 | 那年 | 能耐 |
| 年内 | 暖男 | 牛腩 | 泥泞 | 难念 |
| 男农奴 | 难拿捏 | 袅袅娜娜 | | |

l：发音时，舌尖抵住上齿龈，软腭上升堵塞鼻腔通路，气流从舌头两边流出。声带振动。

| | | | | |
|---|---|---|---|---|
| 理论 | 来历 | 褴褛 | 流量 | 浏览 |
| 联络 | 轮流 | 玲珑 | 来临 | 凌乱 |
| 兰陵路 | 零利率 | 两泪涟涟 | | |

g：发音时，舌根抵住软腭，软腭后部上升堵塞鼻腔通路，然后舌根离开软腭，气流骤然冲出，爆发成声。声带不振动。

| | | | | |
|---|---|---|---|---|
| 高管 | 尴尬 | 广告 | 谷歌 | 更改 |
| 高干 | 公共 | 钢管 | 过关 | 骨干 |
| 高规格 | 感光鼓 | 改革巩固 | | |

k：发音方法与 g 基本相同，区别在于 k 除阻时气流较强。

| | | | | |
|---|---|---|---|---|
| 克扣 | 可靠 | 刻苦 | 坎坷 | 开阔 |
| 可控 | 旷课 | 可口 | 卡扣 | 困苦 |
| 空夸口 | 扣款卡 | 坎坎坷坷 | | |

h：发音时，舌根接近软腭，形成一个窄缝，软腭上升堵塞鼻腔通路，气流从窄缝里挤出，摩擦成声。声带不振动。

| | | | | |
|---|---|---|---|---|
| 很好 | 后悔 | 混合 | 豪华 | 合伙 |
| 黄河 | 辉煌 | 荷花 | 祸害 | 航海 |
| 黄淮海 | 很憨厚 | 恍恍惚惚 | | |

j：发音时，舌面前部抵住硬腭前部，软腭上升堵塞鼻腔通路，然后舌面微微离开硬腭，

形成一个窄缝，气流从中挤出，摩擦成声。声带不振动。

| 解决 | 紧急 | 拒绝 | 讲究 | 经济 |
| 拮据 | 奖金 | 交接 | 基金 | 坚决 |
| 京津冀 | 建军节 | 将计就计 | | |

q：发音方法与 j 基本相同，区别在于 q 除阻时气流较强。

| 请求 | 前期 | 全球 | 欠缺 | 全勤 |
| 齐全 | 确切 | 侵权 | 砌墙 | 牵强 |
| 氢气球 | 请亲启 | 凄凄切切 | | |

x：发音时，舌面前部接近硬腭前部，形成一个窄缝，软腭上升堵塞鼻腔通路，气流从窄缝中挤出，摩擦成声。

| 学习 | 信息 | 学校 | 想象 | 血腥 |
| 形象 | 休息 | 下线 | 小雪 | 新鲜 |
| 新消息 | 休闲鞋 | 惺惺相惜 | | |

zh：发音时，舌尖抵住硬腭前部，软腭上升堵住鼻腔通路，然后舌尖微微离开硬腭，形成一个窄缝，气流从中挤出，摩擦成声。声带不振动。

| 榨汁 | 蜘蛛 | 转折 | 真正 | 争执 |
| 漳州 | 正直 | 种植 | 注重 | 主张 |
| 中转站 | 执政者 | 重中之重 | | |

ch：发音方法与 zh 基本相同，区别在于 ch 除阻时气流较强。

| 查处 | 超出 | 穿插 | 拆除 | 长春 |
| 长城 | 出厂 | 车床 | 抽查 | 传承 |
| 乘车 | 出差 | 叉车厂 | 除尘车 | |

sh：发音时，舌尖接近硬腭前部，形成一个窄缝，软腭上升堵塞鼻腔通路，气流从窄缝里挤出，摩擦成声。声带不振动。

| 杀手 | 山上 | 设施 | 上声 | 身上 |
| 绅士 | 书生 | 省事 | 收拾 | 上述 |
| 手术室 | 硕士生 | 生生世世 | | |

r：发音方法与 sh 基本相同，区别在于发 r 时声带要振动。

| 仍然 | 融入 | 柔软 | 容忍 | 柔弱 |
| 如若 | 荏苒 | 荣辱 | 忍让 | 人肉 |
| 柔韧度 | 荣辱观 | 忍辱负重 | | |

z：发音时，舌尖抵住上齿背，软腭上升堵塞鼻腔通路，然后舌尖微微离开齿背，形成一个窄缝，气流从窄缝里挤出，摩擦成声，声带不振动。

| 再造 | 自在 | 栽赃 | 最早 | 造作 |
| 罪责 | 宗族 | 坐姿 | 自足 | 在座 |
| 自尊心 | 吐脏字 | 自给自足 | | |

c：发音方法与 z 基本相同，区别在于 c 除阻时气流较强。

| 草丛 | 猜测 | 层次 | 此次 | 匆匆 |
| 粗糙 | 摧残 | 措词 | 苍翠 | 璀璨 |
| 残次品 | 寸草心 | 仓促上阵 | | |

s：发音时，舌尖接近上齿背，形成一个窄缝，软腭上升堵塞鼻腔通路，气流从窄缝里挤出，摩擦成声，声带不振动。

| 洒扫 | 搜索 | 诉讼 | 色素 | 思索 |
| 松散 | 琐碎 | 瑟缩 | 酸涩 | 三思 |
| 诉讼费 | 孙思邈 | 思索再三 | | |

# 二、韵　母

普通话中，共有韵母 39 个，按结构可分为单元音韵母、复元音韵母和带鼻音韵母三类。

（1）单元音韵母 10 个：a o e ê i u ü -i（前） -i（后） er。

（2）复元音韵母 13 个：ai ei ao ou ia ie ua uo üe iao iou uai uei。

（3）带鼻音韵母 16 个：an ian uan üan en in uen ün ang iang uang eng ing ueng ong iong。

## （一）单元音韵母

单元音韵母是由单元音充当的，普通话中共有 10 个单元音韵母，可以分为舌面元音、舌尖元音和卷舌元音三类。单元音韵母发音时，舌位、唇形、口形（开口度）始终不变。

（1）舌面元音：是由舌面起主要作用的元音，普通话里有 7 个：a、o、e、ê、i、u、ü；

（2）舌尖元音：是由舌尖起主要作用的元音，普通话里有两个：-i（前）、-i（后）；-i（前）即整体认读音节 zi、ci、si 中的 i，发音为 [ɿ]。-i（后）是整体认读音节 zhi、chi、shi、ri 中的 i，发音类似于声母 r。

（3）普通话里只有一个卷舌元音韵母：er。

单元音的发音，主要由舌位的高低、前后和唇形的圆展控制。

根据舌位的前后，舌面元音可以分为：前元音、央元音和后元音。

发元音时舌头前伸，舌位在前，这时发出的元音叫前元音。普通话舌面元音里有两个前元音，就是 i、ü。发元音时舌头后缩，舌位在后，这时发出的元音叫后元音。普通话舌面元音里有 3 个后元音：o、e、u。发元音时舌头不前不后，舌位居中，这时发出的元音叫央元音。普通话里有 1 个舌面央元音，就是 a。

根据舌位的高低，舌面元音可以分为高元音、半高元音、半低元音和低元音四类。

唇形的圆展：嘴唇收圆，发出的元音叫圆唇元音；嘴唇展开，发出的元音叫不圆唇元音。普通话舌面元音里有 3 个圆唇元音，就是 o、u、ü；有 4 个不圆唇元音，就是 a、e、i、ê。

单韵母的发音特点是发音过程中舌位、唇形和开口度始终不变。发音时要保持口形固定。下面简单介绍一下单元音韵母发音方法：

a：舌面央低不圆唇元音（即舌面元音、央元音、低元音、不圆唇元音，下同）

发音时，口大开，扁唇，舌头居中央，舌面中部略隆起，舌尖置下齿龈，声带振动。软腭上升，关闭鼻腔通路。

| 打靶 | 沙发 | 大厦 | 发达 | 马达 |
| 喇叭 | 哪怕 | 打岔 | 腊八 | 花发 |

o：舌面后半高圆唇元音

发音时，口半闭，圆唇，舌头后缩，舌面后部略隆起，舌尖置下齿龈后，声带振动。软腭上升，关闭鼻腔通路。

| 伯伯 | 婆婆 | 默默 | 泼墨 | 薄膜 |
| 馍馍 | 薄弱 | 活泼 | 窝火 | 龌龊 |

e：舌面后半高不圆唇元音

发音时，口半闭，扁唇，舌头后缩，舌面后部略隆起，舌面两边微卷，舌面中部稍凹，舌尖置于下齿龈后，嘴角向两边微展，声带振动。软腭上升，关闭鼻腔通路。

| 色泽 | 隔阂 | 客车 | 特色 | 折射 |
| 可乐 | 车辙 | 合格 | 折合 | 呵责 |

ê：舌面前半低不圆唇元音

发音时，口自然打开，扁唇，舌头前伸，舌面前部略隆起，舌尖抵住下齿背，嘴角向两边微展，声带振动。软腭上升，关闭鼻腔通路。

在普通话中，ê只在语气词"欸"中单用。ê不与任何辅音声母相拼，只构成复韵母ie、üe，并在书写时省去上面的附加符号"^"。

| 确切 | 解决 | 谐谑 | 雀跃 | 诀别 |
| 月夜 | 灭绝 | 劫掠 | 翘趄 | 缺月 |

i：舌面前高不圆唇元音

发音时，口微开，扁唇，上下齿相对，舌头前伸，舌面前部略隆起，舌尖抵住下齿背，嘴角向两边微展，声带振动。软腭上升，关闭鼻腔通路。

| 奇袭 | 笔记 | 谜底 | 激励 | 洗涤 |
| 极地 | 记忆 | 礼仪 | 霹雳 | 习题 |

u：舌面后高圆唇元音

发音时，口微开，圆唇，舌头后缩，舌面后部高度隆起和软腭相对，舌尖置下齿龈后，声带振动。软腭上升，关闭鼻腔通路。

| 夫妇 | 输出 | 误读 | 土著 | 补助 |
| 读物 | 辜负 | 瀑布 | 入伍 | 疏忽 |

ü：舌面前高圆唇元音

发音时，口微开，圆唇（近椭圆）略向前突，舌头前伸，舌面前部略隆起，舌尖抵住下齿背，声带振动。软腭上升，关闭鼻腔通路。

| 语句 | 曲剧 | 屈居 | 须臾 | 区域 |
| 序曲 | 遇雨 | 曲率 | 局域 | 絮语 |

**er：卷舌央中不圆唇元音**

er 是在〔e〕的基础上加上卷舌动作而成。发音时，口腔自然打开，扁唇，舌头居中央，舌尖向硬腭中部上卷，声带振动。软腭上升，关闭鼻腔通路。

| | | | | |
|---|---|---|---|---|
| 饵料 | 而且 | 儿歌 | 耳朵 | 二胡 |
| 二十 | 儿童 | 儿女 | 偶尔 | 遐迩 |

**-i：（前）舌尖前高不圆唇元音**

发音时，口微开，扁唇，嘴角向两边展开，舌头平伸，舌尖靠近上齿背，声带振动。软腭上升，关闭鼻腔通路。z、c、s 的发音拉长，拉长的部分即是 -i（前）的读音。

| | | | | |
|---|---|---|---|---|
| 私自 | 此次 | 次子 | 字词 | 恣肆 |
| 孜孜 | 赐死 | 四次 | 子嗣 | 刺字 |

**-i：（后）舌尖后高不圆唇元音**

发音时，口微开，扁唇，嘴角向两边展开，舌尖上翘，靠近硬腭前部，声带振动。软腭上升，关闭鼻腔通路。zh、ch、sh、r 的发音拉长，拉长的部分即是 -i（后）的读音。

| | | | | |
|---|---|---|---|---|
| 只是 | 日志 | 实施 | 支持 | 知识 |
| 制止 | 值日 | 试制 | 实质 | 迟滞 |

## （二）复元音韵母

复元音韵母是由两个或三个元音组成的韵母。发音时，组成复韵母的元音之间没有明显的界限，整个过程是从一个元音滑向另一个元音。二是各元音的发音响度不同。主要元音的发音口腔开口度最大，声音最响亮，持续时间最长，其他元音发音轻短或含混模糊。响度大的元音在前的，叫做前响复韵母；响度大的元音在后的，叫做后响复韵母；响度大的元音在中间的，叫做中响复韵母。

### 1. 前响复韵母

前响复韵母是指主要元音处在前面的复韵母。普通话前响复韵母有四个：ai、ao、ei、ou。发音时，开头的元音清晰响亮、时间较长，后头的元音含混模糊，音值不太固定，只表示舌位滑动的方向。

| | | | | | |
|---|---|---|---|---|---|
| ai | 拆台 | 掰开 | 爱戴 | 采摘 | 海带 |
| | 开采 | 拍卖 | 灾害 | 摘菜 | 开赛 |
| ao | 号召 | 报告 | 操劳 | 刀鞘 | 跑道 |
| | 冒泡 | 懊恼 | 高潮 | 骚扰 | 老少 |
| ei | 贝类 | 配备 | 飞贼 | 美味 | 肥美 |
| | 味蕾 | 黑莓 | 美眉 | 北非 | 匪类 |
| ou | 绸缪 | 丑陋 | 兜售 | 口头 | 寇仇 |
| | 走漏 | 漏斗 | 收购 | 喉头 | 抖擞 |

### 2. 后响复韵母

后响复韵母是指主要元音处在后面的复韵母。普通话后响复韵母有 5 个：ia、ie、ua、uo、üe。它们发音的特点是舌位由高向低滑动，收尾的元音响亮清晰，在韵母中处在韵腹的位置。而开头的元音都是高元音 i −、u −、ü −，由于它处于韵母的韵头位置，发音轻短，只表示舌位滑动的方向。

| ia | 加价 | 假牙 | 恰恰 | 下辖 | 压价 |
| | 下家 | 下压 | 加压 | 下牙 | 下嫁 |
| ie | 歇业 | 结业 | 结节 | 贴切 | 姐姐 |
| | 铁屑 | 谢谢 | 斜街 | 别业 | 颞叶 |
| ua | 花袜 | 花滑 | 耍滑 | 娃娃 | 花瓜 |
| | 画画 | 挂花 | 刮花 | 洗刷 | 女娲 |
| uo | 菠萝 | 错过 | 错落 | 硕果 | 脱落 |
| | 阔绰 | 骆驼 | 哆嗦 | 国货 | 说过 |
| üe | 雀跃 | 约略 | 雪月 | 决绝 | 酷虐 |

**3. 中响复韵母**

中响复韵母是指主要元音处在中间的复韵母。普通话中响复韵母有 4 个：iao、iou、uai、uei。这些韵母发音的特点是舌位由高向低滑动，再从低向高滑动。开头的元音发音不响亮、较短促，只表示舌位滑动的开始，中间的元音清晰响亮，收尾的元音轻短模糊，音值不太固定，只表示舌位滑动的方向。

| iao | 吊销 | 渺小 | 疗效 | 巧妙 | 调教 |
| | 调料 | 逍遥 | 苗条 | 秒表 | 吊桥 |
| iou | 久留 | 求救 | 绣球 | 优秀 | 悠久 |
| | 牛油 | 丢球 | 琉球 | 久留 | 牛柳 |
| uai | 外快 | 怀揣 | 乖乖 | 摔坏 | 鬼怪 |
| | 加快 | 见外 | 拖拽 | | |
| uei | 垂危 | 归队 | 悔罪 | 追悔 | 荟萃 |
| | 推诿 | 尾随 | 罪魁 | 愧对 | 回归 |

## （三）带鼻音韵母（鼻韵母）

鼻韵母指带有鼻辅音的韵母，又叫鼻音尾韵母。鼻韵母的发音有两个特点：一是元音同后面的鼻辅音不是生硬地结合在一起，而是有机的统一体。发音时，逐渐由元音向鼻辅音过渡，逐渐增加鼻音色彩，最后形成鼻辅音。二是除阻阶段作韵尾的鼻辅音不发音，所以又叫唯闭音。鼻韵母的发音不是以鼻辅音为主，而是以元音为主，元音清晰响亮，鼻辅音重在做出发音状态，发音不太明显。

**1. 前鼻音尾韵母**

前鼻音尾韵母指的是鼻韵母中以 −n 为韵尾的韵母。普通话中的前鼻音尾韵母有 8 个：an、en、in、ün、ian、uan、üan、uen。韵尾 −n 的发音部位比声母 n − 的位置略微靠后，一般是舌面前部向硬腭接触。

| an | 赞叹 | 参战 | 反感 | 斑斓 | 烂漫 |

|  | 翻案 | 难堪 | 坦然 | 翻盘 | 谈判 |
|---|---|---|---|---|---|
| en | 本分 | 根本 | 沉闷 | 门诊 | 人参 |
|  | 认真 | 深圳 | 深沉 | 振奋 | 审慎 |
| in | 近邻 | 亲信 | 拼音 | 殷勤 | 信心 |
|  | 辛勤 | 引进 | 新晋 | 濒临 | 亲近 |
| ün | 均匀 | 逡巡 | 军训 | 眩晕 | 芸芸 |
|  | 群众 | 循环 | 功勋 | 允许 | 晕船 |
| ian | 艰险 | 简便 | 连篇 | 前天 | 浅显 |
|  | 田间 | 前面 | 电线 | 连绵 | 天仙 |
| uan | 贯穿 | 软缎 | 酸软 | 婉转 | 专款 |
|  | 转换 | 宦官 | 还款 | 团员 | 管换 |
| üan | 源泉 | 轩辕 | 涓涓 | 圆圈 | 渊源 |
|  | 全权 | 宣传 | 悬挂 | 眷恋 | 绚丽 |
| uen | 困顿 | 昆仑 | 谆谆 | 温存 | 温顺 |
|  | 论文 | 馄饨 | 混沌 | 滚轮 | 春困 |

**2. 后鼻音尾韵母**

后鼻音尾韵母指的是鼻韵母中以 –ng 为韵尾的韵母。普通话中的后鼻音尾韵母有 8 个：ang、eng、ing、ong、iang、uang、ueng、iong。ng［ŋ］是舌面后、浊、鼻音，在普通话中只作韵尾不作声母。发音时，软腭下降，关闭口腔，打开鼻腔通道，舌面后部后缩，并抵住软腭，气流振动声带，从鼻腔通过。在鼻韵母中，同 –n 的发音一样，–ng 除阻阶段也不发音。后鼻音尾韵母的发音中，韵头的发音比较轻短，韵腹的发音清晰响亮，韵尾的发音只做出发音状态。

| ang | 张扬 | 帮忙 | 昂扬 | 苍茫 | 当场 |
|---|---|---|---|---|---|
|  | 刚刚 | 刚强 | 商场 | 上场 | 商行 |
| eng | 征程 | 省城 | 承蒙 | 丰盛 | 更正 |
|  | 萌生 | 圣僧 | 声称 | 逞能 | 生猛 |
| ing | 英明 | 叮咛 | 经营 | 并行 | 倾听 |
|  | 命令 | 警醒 | 评定 | 清静 | 精兵 |
| ong | 共同 | 轰动 | 脓肿 | 冲动 | 空洞 |
|  | 隆重 | 溶洞 | 通融 | 铜钟 | 红松 |
| iang | 湘江 | 两样 | 洋相 | 响亮 | 踉跄 |
|  | 洋枪 | 襄阳 | 两项 | 奖项 | 强项 |
| uang | 双创 | 狂妄 | 双簧 | 状况 | 装潢 |
| ueng | 水瓮 | 老翁 | 蓊郁 | 请君入瓮 | |
| iong | 炯炯 | 汹涌 | 窘境 | 茕茕孑立 | |

# 三、易误读声母

**1. 零声母误读**

部分地区受方言影响，习惯在零声母音节（有些音节没有声母，只有韵母。如：安 ān；爱 ài）前加"n"或"ng"。如："安"读成（ngān 或 nān）；"袄"读成（ngǎo 或 nǎo）。"爱"读成（ngài 或 nài）。

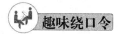 **针对练习**

哀怨　傲岸　昂扬　偶尔　棉袄

俄文　恩爱　安装　黑暗　爱情

**趣味绕口令**

### 鸽和鹅

天上一群大白鸽，河里一群大白鹅。

白鸽尖尖红嘴壳，白鹅曲项向天歌。

白鸽剪开云朵朵，白鹅拨开浪波波。

鸽乐呵呵，鹅活泼泼，

白鹅白鸽碧波蓝天真快乐。

### 一群鹅

安二哥家一群鹅，

二哥放鹅爱唱歌。

鹅有二哥不挨饿，

没有二哥鹅挨饿。

大鹅小鹅伸长脖，

嗷嗷哦哦找二哥。

**2. 平翘舌音误读**

平舌音（z、c、s）与翘舌音（zh、ch、sh、r）发音的主要区别在于成阻部位不同，平舌音（z、c、s）又叫舌尖前音，发音时舌尖与上齿背成阻。翘舌音（zh、ch、sh、r）又叫舌尖后音，发音时舌尖与硬腭前部成阻。

**针对练习**

自主—支柱　栽花—摘花　木材—木柴

推辞—推迟　私人—诗人　司机—实际

 趣味绕口令

### 画狮子

有个好孩子，拿张图画纸，来到石院子，学画石狮子。一天来画一次石狮子，十天来画十次石狮子。次次画石狮子，天天画石狮子，死狮子画成了"活狮子"。

### 四十四个字和词

四十四个字和词，组成一首子、词、丝的绕口词。桃子、李子、梨子、栗子、橘子、柿子、槟子、榛子，栽满院子、村子和寨子。名词、动词、数词、量词、代词、副词、助词、连词，组成语词、诗词和唱词，蚕丝、生丝、熟丝、缫丝、染丝、晒丝、纺丝、织丝、自制粗丝、细丝、人造丝。

**3. j、q、x 与 z、c、s 混淆**

舌面音（j、q、x）与舌尖前音（z、c、s）的区别是发音部位不同，舌面音（j、q、x）发音时是舌面前部与硬腭成阻，舌尖前音（z、c、s）则是舌尖与上齿背成阻。

✎ 针对练习

| | | |
|---|---|---|
| 既然—自然 | 漆器—瓷器 | 细节—四节 |
| 鸡蛋—子弹 | 季候—伺候 | 恓惶—橘黄 |

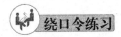 绕口令练习

### 锡匠和漆匠

东边来了个锡匠卖锡，西边来了个漆匠卖漆。锡匠拿锡换漆匠的漆，漆匠拿漆换锡匠的锡。锡匠换了九斤九两漆，漆匠换了七斤七两锡。锡匠漆匠笑嘻嘻，锡匠漆匠都有了漆和锡。

### 王七买席

清早起来雨渐渐，王七上街去买席。骑着毛驴跑得急，捎带卖蛋又贩驴。一跑跑到小桥西，毛驴一下失了蹄，打了蛋，撒了梨，跑了驴，急得王七掉泪滴，又哭鸡蛋又骂驴。

**4. n、l 混淆**

普通话中，n 和 l 都是舌尖中音，发音时舌尖与上齿龈成阻。二者的区别是气流通过的路径不同。n 是鼻音，发音时气流冲击声带从鼻腔流出，在鼻腔内形成共鸣。l 发音时，气流冲击声带，从舌头两边的空隙流出。

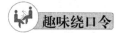 **针对练习**

男子—篮子　　脑子—老子　　女客—旅客
男女—褴褛　　闹灾—涝灾　　黄泥—黄鹂

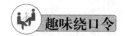 **趣味绕口令**

### 有座面铺面朝南

有座面铺面朝南，挂个蓝布棉门帘。摘了蓝布棉门帘，看了看，面铺面朝南；挂上蓝布棉门帘，看了看，面铺还是面朝南。

### 牛郎刘娘

牛郎年年恋刘娘，刘娘年年恋牛郎；牛郎恋刘娘，刘娘恋牛郎；郎恋娘来娘恋郎。

### 5. r 与 l 混淆

r是舌尖后音，成阻部位是舌尖与硬腭前部。l发音时则是舌尖与上齿龈成阻。另外，r与l的发音方式也不同，r是擦音，成阻时发音部位靠近但不完全阻塞，气流通过时摩擦成声。l是边音，发音时舌尖上齿龈成阻，气流从舌边流过。

**针对练习**

出入—出路　　自然—菜篮　　褥子—路子
碧蓝—必然　　娱乐—余热　　阻拦—阻燃

**趣味绕口令**

### 老龙和老农

老龙恼怒闹老农，
老农恼怒闹老龙。
农怒龙恼农更怒，
龙恼农怒龙怕农。

### 南南有个篮篮

南南有个篮篮，篮篮装着盘盘，盘盘放着碗碗，碗碗盛着饭饭。
南南翻了篮篮，篮篮扣了盘盘，盘盘打了碗碗，碗碗撒了饭饭。

### 6. f、h 混淆

区分f、h两个声母，要着重注意二者的发音部位：f是唇齿音，成阻部位是下唇与上齿，而h是舌根音，成阻部位是舌根与软腭。

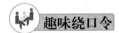 **针对练习**

> 开发—开花　　发廊—画廊　　犯病—患病
> 费心—会心　　废弃—晦气　　防潮—皇朝

**趣味绕口令**

### 化肥会挥发

黑化肥发灰，灰化肥发黑，黑化肥发灰会挥发，灰化肥挥发会发黑。黑化肥发灰挥发会花飞，灰化肥挥发发黑会飞花。

### 画凤凰

粉红墙上画凤凰，凤凰画在粉红墙。红凤凰、黄凤凰，粉红凤凰、花凤凰。

**7. r 与 i（y）混淆**

r 是舌尖后音，成阻部位是舌尖与硬腭前部。i（y）为零声母。

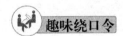 **针对练习**

> 染色—眼色　　绕道—要道　　人员—银元
> 肉质—幼稚　　柔滑—油滑　　仍旧—营救

**趣味绕口令**

### 买肉与买油

尤大嫂去买肉，冉大妈去买油，尤大嫂买肉不买油，冉大妈买油不买肉。俩人集上碰了头，尤大嫂请冉大妈到家吃炖肉，冉大妈请尤大嫂到家喝蜂蜜白糖加香油。

### 说　日

> 夏日无日日亦热，冬日有日日亦寒，
> 春日日出天渐暖，晒衣晒被晒褥单，
> 秋日天高复云淡，遥看红日迫西山。

**综合练习（读绕口令，求准不求快）**

（1）双唇音：

### 八百标兵

八百标兵奔北坡，炮兵并排北边跑。炮兵怕把标兵碰，标兵怕碰炮兵炮。

### 扁担长板凳宽

扁担长，板凳宽，板凳没有扁担长，扁担没有板凳宽。扁担要绑在板凳上，板凳偏不让扁担绑在板凳上。

（2）唇齿音：

### 粉红活佛花

会糊我的粉红活佛花，就糊我的粉红活佛花；不会糊我的粉红活佛花，可别胡糊乱糊糊坏了我的粉红活佛花。

### 飞飞佛佛捉凤凰

飞飞佛佛捉凤凰，凤凰藏在凤山上，飞飞捉黄凤凰红凤凰，佛佛捉粉凤凰黄凤凰。红凤凰黄凤凰粉凤凰，红粉凤凰，粉红凤凰，飞飞佛佛头昏眼花。

（3）舌尖中音：

### 打特盗

调到敌岛打特盗，特盗太刁投短刀。挡推顶打短刀掉，踏盗得刀盗打倒。

### 伊犁马

门外有四匹伊犁马，你爱拉哪俩拉哪俩。牌楼两边有四辆四轮马拉车，你爱拉哪两辆拉哪两辆。

（4）舌面音：

### 真稀奇

稀奇，稀奇，真稀奇，蟋蟀踩死大母鸡，气球碰坏大机器，蚯蚓身长七丈七。

### 七加一

七加一，七减一，加完减完等于几？七加一，七减一，加完减完还是七。

（5）舌根音：

### 哥过沟

哥挎瓜筐过宽沟，赶快过沟看怪狗，光看怪狗瓜筐扣，瓜滚筐空哥怪狗。

### 古老街前胡古老

古老街前胡古老，古老街后古老胡，都说自己最古老。不知是胡古老比古老胡古老，还是古老胡比胡古老古老。

### 黄贺与王克

一班有个黄贺，二班有个王克，黄贺、王克俩人搞创作，黄贺搞木刻，王克写诗歌。黄贺帮助王克写诗歌，王克帮助黄贺搞木刻。由于俩人搞协作，黄贺完成了木刻，王克写好了诗歌。

（6）平翘舌音区分：

### 石狮子

石狮寺前有四十四个石狮子，寺前树上结了四十四个涩柿子，四十四个石狮子不吃四十四个涩柿子，四十四个涩柿子更不会吃四十四个石狮子。

### 四和十

四是四，十是十，十四是十四，四十是四十。说好四和十得靠舌头和牙齿。谁说四十是"细席"，他的舌头没用力；谁说十四是"适时"，他的舌头没伸直。认真学，常练习，四、十、十四、四十、四十四。

### 三哥三嫂子

三哥三嫂子，借给我三斗三升酸枣子，等我上山摘了三升三斗酸枣子，再奉还三哥三嫂子的三斗三升酸枣子。

### 杂志社出杂志

杂志社出杂志，杂志出在杂志社。有政治常识、历史知识、写作指导、诗词注释。还有那：植树造林、沼泽治理、栽种花草、生产手册种种杂志数十册。

## 四、易误读韵母

### 1. 圆唇音

韵母"o"与"b""p""m""f"相拼时，读成不圆唇音"e"（"么 me"音节除外）。

**针对练习**

| | | | | |
|---|---|---|---|---|
| 广播 | 山坡 | 抚摸 | 活佛 | 薄膜 |
| 波折 | 磨合 | 隔膜 | 刻薄 | 活泼 |

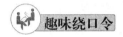 趣味绕口令

### 歌乐山上落果坡

歌乐山上落果坡，落果坡下歌乐河。河边两个小朋友，名叫罗乐和贺河。贺河上午约罗乐，落果坡上去放驼；罗乐下午约贺河，歌乐河边来牧鹅。驼上坡，鹅下河，罗乐、贺河歌对歌。歌对歌，真快活，歌乐山上歌满坡。

### 鹅过河

哥哥弟弟坡前坐，坡上卧着一只鹅，坡下流着一条河。

哥哥说宽宽的河，弟弟说白白的鹅。

鹅要过河，河要渡鹅。

不知是鹅过河，还是河渡鹅。

**2. 撮口呼韵母**

因为撮唇力度不够发成齐齿音，将"ü""üe""iong"读成"i""ie""ing"。例如：下雨、学习、吃鱼、英雄等。

✎ 针对练习

机遇—机翼　　学生—谐声　　鲤鱼—礼仪　　称雄—成型

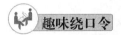 趣味绕口令

### 新开渠

村里新开一条渠，弯弯曲曲上山去。河水雨水渠里流，满山庄稼一片绿。

### 瘸子、碟子、茄子与橛子

打南来了个瘸子，手里托着个碟子，碟子里装着个茄子。地下钉着个橛子，地面露着半截子，半截橛子绊倒了瘸子，翻了碟子，丢了茄子，气得瘸子，撇了碟子，拔了橛子，踩了茄子。

**3. 区分前后鼻韵母**

前鼻韵母有 8 个：an、ian、uan、üan、en、uen、in、ün。前鼻音韵母以 n 做韵尾，发音收尾时，舌尖抵住后齿背发出鼻音。

后鼻韵母也有 8 个：ang、iang、uang、eng、ueng、ing、ong、iong。后鼻音韵母以 ng 做韵尾，发音收尾时，舌根上升抵住软腭发出鼻音。

✎ 针对练习

黯然—盎然　　沿线—洋相　　婉转—网转　　陈旧—成就
亲生—轻声　　存钱—从前　　因循—英雄　　发还—发黄

**声韵综合练习**

朗读下列词语：

| | | | | | | | | | | |
|---|---|---|---|---|---|---|---|---|---|---|
| 薄膜 | 玻璃 | 默默 | 劳模 | 菠菜 | 压迫 | 玉米 | 出去 | 允许 | 毛驴 | 侵略 |
| 继续 | 崎岖 | 全权 | 冤枉 | 选举 | 豫剧 | 英雄 | 胸膛 | 进军 | 军训 | 群众 |
| 怨言 | 取得 | 火车 | 彻底 | 舌头 | 天热 | 迂回 | 娱乐 | 劝说 | 确实 | 居住 |
| 寻找 | 用途 | 捐献 | 决策 | 军队 | 月亮 | 靴子 | 云彩 | 凶手 | 眷恋 | 旅行 |
| 略微 | 履历 | 迅速 | 缺德 | 拥护 | 晕车 | 女人 | 运动 | | | |

朗读下列绕口令：

### 言玉菊去钓鱼

言玉菊又想去钓鱼，要袁月洁继续去借渔具，袁月洁正在闹情绪，拒绝去借渔具。

### 山前有个颜远眼

山前有个颜远眼，山后有个袁眼圆。二人山前来比眼，也不知是颜远眼比袁眼圆的眼远，还是袁眼圆比颜远眼的眼圆。

### 男演员，女演员

男演员，女演员，同台演戏说方言，男演员说吴语言，女演员说闽语言。男演员演远东旅行飞行员，女演员演鲁迅文学研究员。研究员，飞行员，吴语言，闽语言，你说男女演员演得全不全。

### 小吕与老李

这天天下雨，体育运动委员会穿绿雨衣的女小吕，去找计划生育委员会不穿绿雨衣的女老李。体育运动委员会穿绿雨衣的女小吕，没找着计划生育委员会不穿绿雨衣的女老李，计划生育委员会不穿绿雨衣的女老李，也没见着体育运动委员会穿绿雨衣的女小吕。

# 五、声    调

普通话一共有四个声调：阴平、阳平、上声、去声。四个声调可以概括为：一平二升三曲四降。为了使声调更直观，我们通常用"五度标调法"标示声调，参见图1.1。

阴平（55）声调高而平，没有升降变化，起点、终点都在最高的5度上，又称为高平调或55调。

阳平（35）声调由中向高扬起，起点在3度，终点在5度，又叫中升调或35调。

上声（214）声调由次低降到最低，再升到次高，起点是2度，降到1度，再升到4度，

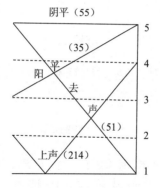

**图 1.1　五度标调法**

又叫降升调或 214 调。

去声（51）有最高降到最低，中间没有曲折，起点是 5 度，终点是 1 度，又叫全降调或 51 调。

### 声调练习

朗读下列词语：

资源　国家　团结　新闻　欢迎　农村　宣传　泉水　人民　指南　滑翔

模型　寻找　常用　联合　革命　坚决　鲜明　工人　国歌　联欢　豪迈

统筹　飘扬　南方　民主　群众　反常　电台　调查　离别　平均　效率

山明水秀　花红柳绿　风调雨顺　心潮澎湃　发愤图强

### 声调对照练习

朗读下列词语：

题材—体裁　　惩罚—乘法　　甜菜—天才　　无疑—武艺　　时节—使节

邻里—淋漓　　司机—四季　　医务—遗物　　医嘱—遗嘱　　检举—艰巨

声调绕口令：

#### 王家有只黄毛猫

王家有只黄毛猫，偷吃汪家红糖包，汪家打死王家的黄毛猫，王家要汪家赔黄毛猫，汪家要王家赔红糖包。

#### 梁木匠　梁瓦匠

梁木匠，梁瓦匠，俩梁有事齐商量，梁木匠天亮晾衣裳，梁瓦匠天亮量高梁。梁木匠晾衣裳受了凉，梁瓦匠量高梁少了粮。

#### 东洞庭　西洞庭

东洞庭，西洞庭，洞庭山上一根藤，藤上挂个大铜铃，风起藤动铜铃响，风停藤定铜铃静。

## 拖拉机

一台拖拉机，拉着一张犁。拖拉机拉犁犁翻地，翻地翻得深又细。拖拉机出的力，犁翻的地，你说是犁犁的地还是拖拉机翻的地？

## 学好声韵辨四声

学好声韵辨四声，阴阳上去要分明。部位方法要找准，开齐合撮属口形。

双唇班报必百波，舌尖当地斗点丁；舌根高狗坑耕故，舌面积结教坚经；翘舌主争真志照，平舌资则早在增。擦音发翻飞分复，送气查柴产彻称。合口呼午枯湖古，开口河坡歌安争；撮口虚学寻徐剧，齐齿衣优摇业英。前鼻恩因烟弯稳，后鼻昂迎中拥生。咬紧字头归字尾，阴阳上去记变声。循序渐进坚持练，不难达到纯和清。

# 六、变　　调

在语流中，一些音节的声调会发生变化，与其原来的调值有所不同。这种现象就叫做变调。现代汉语中，最常见也是最重要的变调现象有三个：上声变调、"一""不"的变调和语气词"啊"的音变。

**1. 上声的变调**

在语流中，由于受前后音节的影响，一些音节的声调会发生变化，其中上声最为明显（因为它的音长较长）。其规律如下：

（1）当上声出现在上声前面时（即两个上声相连），前一个上声字的读音要变成近似阳平。如：

领导　　美满　　选举　　展览　　勇敢　　警醒

（2）当上声出现在非上声或轻声前面时（即上声与阴平、阳平、去声相连），上声的读音要变为半上。如：

演出　　感觉　　水稻　　喇叭　　勇气　　祖国

**练习**

读下面句子：

请你给我打点儿洗脸水。

展览馆里有好几百种纸雨伞。

**绕口令练习**

**请你想一想：**

五组的小组长姓鲁，九组的小组长姓李。

鲁组长比李组长小，李组长比鲁组长老。

比李组长小的鲁组长有个表嫂比李组长老。

比鲁组长老的李组长有个表嫂比鲁组长小。

小的小组长比老的小组长长得美，

老的小组长比小的小组长长得丑。

丑小组长的表嫂比美小组长的表姐美，

美小组长的表姐比丑小组长的表嫂丑。

**2. "一""不"的变调**

"一"本调读作阴平（yī），"不"本调读作去声（bù）。"一"和"不"在单念或出现在词语末尾时，读本调。另外，"一"表示序数时也读本调。如在"唯一""不！我不！""一等奖"中读本调。"一月""一楼"等特殊些，要根据具体语境来确定。

"一"和"不"变调情况如下：

（1）去声字前都变阳平。

一个　　　　一共　　　　一定　　　　不必　　　　不要　　　　不配

（2）在非去声字前都读去声。

一只　　　　一同　　　　一起　　　　不堪　　　　不如　　　　不许

（3）"一""不"夹在词语中间读轻声。

想一想　　看一看　　谈一谈　　好不好　　来不来　　想不到

**练习**

朗读下列成语：

一心一意　　一五一十　　一言为定　　一网打尽　　一毛不拔

一帆风顺　　不三不四　　不伦不类　　不可思议　　不共戴天

不屈不挠　　不干不净

**绕口令练习**

### 一个大　一个小

一个大，一个小，一件衣服一顶帽。一边多，一边少，一打铅笔一把刀。

一个大，一个小，一个西瓜一颗枣。一边多，一边少，一盒饼干一块糕。

一个大，一个小，一头肥猪一只猫。一边多，一边少，一群大雁一只鸟。

### 王老汉

王老汉手拿一根不长不短的鞭子，赶着一辆不新不旧的大马车，拉着不计其数的粮食，奔驰在不宽不窄的大道上。

## 一心一意

干什么工作都要一心一意，表里如一，言行一致，一丝不苟。情绪不能一高一低，一好一坏，一落千丈，一蹶不振。要一不做，二不休；一不怕苦，二不怕累，不屈不挠，一切从零开始；决不能一而再，再而三地叫人摇头说不字。

**3.** **"啊"的音变**

"啊"这个词共有两种词性：叹词和语气词。只要在句末出现就肯定做语气词。语气词"啊"在任何情况下都不会读作"a"。

其音变规律如下：

（1）"啊"前面音节的末尾音素是 a、o、e、ê、i、ü 时读"ya"。如：

原来是他啊！

此时此刻，我的心情远比当年要复杂得多啊！

好大的眼镜蛇啊！

这才几个月啊！

是你啊！

漓江的水真绿啊！

（2）前面音节末尾音素是 u（复韵母 ao、iao 中的 o 实际读音为 u）时读"wa"。

这种药汤真苦啊！

我们的生活多么美好啊！

（3）前面音节末尾音素是 n 时读"na"。

天啊！

他真是个好人啊！

（4）前面音节末尾音素是 ng 时读"nga"。

真香啊！

这是一份真情啊！

（5）前面音节是 zi、ci、si 时读"【za】"。

多漂亮的字啊！

今天你一共学了几个单词啊？

这是什么意思啊？

（6）前面音节是 zhi、chi、shi、ri 时读"ra"。

写这篇文章，你一共用了几张稿纸啊？

你快吃啊！

这就是我们的老师啊！

今天是星期日啊？

（7）儿化音节后一般读"ra"。

这是一朵多么漂亮的花儿啊！

这是谁写的小说儿啊！

你唱支歌儿啊！

#### 练习

朗读下列句子：

1. 你快画啊！
2. 他是你哥啊？
3. 这里的人可真多啊！
4. 啊！好大的雪啊！
5. 同学们，快来啊！
6. 你这样做对不对啊？
7. 我们就在这住啊？
8. 你的手真巧啊！
9. 他可真是个好人啊！
10. 这样行不行啊？
11. 你一共来过几次啊？
12. 你有什么事啊？

#### 音变综合练习

读下面短文，注意音变。

### 下雪了

下雪了，雪下得真大啊！雪花儿像鹅毛一样从天上飘下来，落在山上，田野上，房子上，大树上，盖了一层又一层，世界全是白茫茫的了。外边儿静悄悄的，行人很少。

雪停了，太阳出来了。阳光照在树上，亮得耀眼。山啊、田野啊、房子啊、大树啊，全都变了样儿了，都穿上了白色外衣。校旁那两座小塔，都戴了顶白帽子，比平常更好看了。下课后，同学们都到院子里来了。大家扔雪球儿、堆雪人儿、打雪仗。他们的脸跟鼻子都冻得红红的，可还是玩儿得很起劲儿。

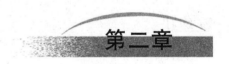

第二章

# 发声训练

## 一、口部训练

口腔灵活，说话才利索。有没有感觉早晨起来说话没有下午或者晚上那么顺当？当然了，嘴巴肌肉休息了一晚上，当然没那么灵活。所以做做口腔体操，帮助我们更好地使用嘴巴。

**1. 口的开合练习**

张嘴像打哈欠，闭嘴如啃苹果。开口的动作要柔和，两嘴角向斜上方抬起，上下唇稍放松，舌头自然放平。做这个练习，克服口腔开度的问题。

**2. 咀嚼练习**

张口咀嚼与闭口咀嚼结合进行，舌头自然放平。

**3. 双唇练习**

双唇闭拢向前、后、左、右、上、下转圈。

**4. 舌头练习**

舌尖顶下齿，舌面逐渐上翘。

舌尖在口内左右顶口腔壁，在门牙上下转圈。

舌尖伸出口外向前伸，向左右、上下伸。

舌在口腔内左右立起。

舌尖的弹练，弹硬腭、弹口唇。

舌尖与上齿龈接触打响。

## 二、气息控制训练

不同的声音和气息表达不同的思想感情，参见表2.1。

表2.1　不同的声音和气息表达不同的思想感情

| 气息 | 声音 | 给听众的感觉 | 表达的思想感情 |
|---|---|---|---|
| 气徐 | 声柔 | 温和的感觉 | 爱的感情 |
| 气促 | 声硬 | 挤压的感觉 | 憎的感情 |
| 气沉 | 声缓 | 迟滞的感觉 | 悲的感情 |
| 气满 | 声高 | 跳跃的感觉 | 喜的感情 |
| 气提 | 声凝 | 紧缩的感觉 | 惧的感情 |
| 气短 | 声促 | 紧迫的感觉 | 急的感情 |
| 气粗 | 声重 | 振动的感觉 | 怒的感情 |
| 气细 | 声黏 | 蹰躇的感觉 | 疑的感情 |
| 气少 | 声平 | 沉着的感觉 | 稳的感情 |
| 气多 | 声撇 | 烦躁的感觉 | 焦的感情 |

没有气息，声带不能颤动发声，但只是声带发出声音是不够的。想要嗓音富于弹性、耐久，需要的是源源不断供给声带气流。在这里给大家介绍一些气息控制的方法，帮助大家控制气流，进而控制声音。

## （一）胸腹联合呼吸法

吸气后两肋扩大，横膈膜下降，小腹微收。胸腹联合呼吸法是朗读时应该掌握的方法。这种呼吸活动范围大、伸缩性强，可以使气息均匀平衡。理想的状态是做到"吸气一大片，呼气一条线；气断情不断，声断意不断"。

练习方法：

### 1. 慢吸慢呼

总体的要求：站稳，双目平视前方，头正，肩放松，像在旷野闻花香一样，慢慢吸足气。要感觉到腰腹之间充气膨胀，气入丹田，但是要收小腹。保持几秒后，轻缓呼出。

可以在呼气的时候加入以下练习：呼气时练习 xiao lan（拼音小兰），一声声渐渐远去；或者数数1，2，3，4，…嘴上用力，发音之间不要闭住声门，不要跑气换气，数得越多越好。

### 2. 快吸慢呼

快速短促地吸气，并保持气息；呼气时缓缓呼出，配合声音，平稳均匀。吸气时，可以通过模拟以下方式练习：惊吓、见熟人、抬重物。呼气时，可以通过模拟以下情景练习：吹尘土、数枣、数葫芦。

## ✎ 练习

夸大上声练习：

好　　美　　满　　想　　仰　　场……

换气练习：

广场上，红旗飘，看你能数多少旗，一面旗，两面旗，三面旗，四面旗，五面旗……

吸气（闻花香、抬重物）呼气（吹灰尘、数葫芦、数枣、喊人）、急吸慢呼（突然发现远处来一人，是多年不见老友，惊喜，不禁急吸一口气，停住，然后慢慢呼出，重复此项练习，逐步延长呼气时间）。

### （二）强控制练习

要求气要吸得深并保持一定量，呼气要均匀、通畅、灵活。

强控制练习需要一点声乐练习知识，在这里不多介绍。大家可以回想：《智取威虎山》里杨子荣喝酒唱歌那一段，最后结尾有个"啊——哈，哈，哈，哈哈哈……"基本的感觉就是这样。要体会膈肌和腹肌的作用，发声的时候气息应该是下沉的。

### 参考练习诗词

#### 满江红

岳 飞

怒发冲冠，凭栏处，潇潇雨歇。抬望眼，仰天长啸，壮怀激烈。三十功名尘与土，八千里路云和月。莫等闲，白了少年头，空悲切。

靖康耻，犹未雪；臣子恨，何时灭！驾长车，踏破贺兰山缺。壮志饥餐胡虏肉，笑谈渴饮匈奴血。待从头，收拾旧山河，朝天阙。

#### 忆秦娥·娄山关

毛泽东

西风烈，长空雁叫霜晨月。霜晨月，马蹄声碎，喇叭声咽。雄关漫道真如铁，而今迈步从头越。从头越，苍山如海，残阳如血。

#### 我的"自白"书

陈 然

任脚下响着沉重的铁镣，
任你把皮鞭举得高高。
我不需要什么"自白"，
哪怕胸口对着带血的刺刀！
人，不能低下高贵的头，
只有怕死鬼才乞求"自由"；
毒刑拷打算得了什么？
死亡也无法叫我开口！
面对死亡我放声大笑，

魔鬼的宫殿在笑声中动摇；

这就是我——一个共产党员的"自白"，

高唱凯歌埋葬蒋家王朝！

新闻联播播音员在播报简讯的时候，一般都用强控制。

## 练习一

### 简 讯

新华社渥太华 11 月 30 日电。加拿大联邦众议员关慧贞 11 月 30 日在联邦议会发表声明，陈述"二战"期间日本军队制造的南京大屠杀和强征"慰安妇"等暴行。这是加拿大议员首次在联邦议会就"二战"期间日军暴行发表声明。

10 月 26 日，加拿大安大略省议会投票通过有关"设立南京大屠杀纪念日"的动议。这是西方国家中首个地方议会通过有关"设立南京大屠杀纪念日"动议的地区。

## 练习二

### 新闻和报纸摘要简讯

中国网络视听节目服务协会昨天在成都发布《2017 中国网络视听发展研究报告》。报告显示，截至今年 6 月，我国网络视频用户规模达 5.65 亿。

第四届丝绸之路国际电影节 11 月 28 日到 12 月 3 日在福州举行。103 部多国别影片将集中轮展。

### 全媒体扫描 一句话观点

央广网报道：近日，中办、国办印发《领导干部自然资源资产离任审计规定（试行）》，标志着从 2015 年开始的审计试点进入到全面推开阶段。一项全新的、经常性的制度正式建立。

人民网评论认为，从起步之初的摸着石头过河，到在全球第一个推出领导干部自然资源资产离任审计，中国在生态文明领域以制度创新的方式把环境保护固化为社会行动，为发展构筑起绿色谱系，为转型积累下绿色动力。

国家食品药品监督管理总局近日发布《网络药品经营监督管理办法（征求意见稿）》，其中规定，建立网络药品销售安全管理制度，实现药品销售全程可追溯、可核查。

《经济日报》评论认为，此次出台的管理办法，凸显了对网售药品因势利导、以疏代堵的思路，值得点赞。要靠严格网售药品资质准入，明确医药电商平台管理责任来扎牢药品网络流通安全的篱笆。

浙江杭州一所幼儿园拟于明年开设儿童哲学课，并于课程开设前给幼儿家长科普儿童哲学。

《光明日报》评论指出，儿童"哲学"不是一般意义上的哲学知识，更多的是儿童思考问题的方式、行为处事的态度以及在认识世界过程中形成的情感，成人在此过程中的作用不容忽视。儿童哲学教育效果的实现关键还在于教师和家长的作用。

### （三）弱控制练习

（1）吸气深呼气匀。

缓慢持续地发出 ai、uai、uang、iang 四个音。

（2）夸大声调，延长发音，控制气息。

花红柳绿　H—ua　H—ong　L—iu　L—ü（发音时，声母和韵母之间气息拉长，要均匀、不断气）

（3）通过夸大连续，控制气息，扩展音域。

### 参考练习诗词

李白《静夜思》，孟浩然《春晓》等。

#### 静夜思

床前明月光，
疑是地上霜。
举头望明月，
低头思故乡。

#### 春　晓

春眠不觉晓，
处处闻啼鸟。
夜来风雨声，
花落知多少。

气息控制训练要把握好"深、通、匀、活"四字方针，注意气息和内容的结合。

单纯的语音、气息训练效果并不好，需要大家在实际朗读过程中不断体会、运用。

# 三、共鸣控制训练

一般提到的共鸣腔有头腔、鼻腔、口腔、胸腔，这四个共鸣腔最基本。声乐学习中还有提到腹腔共鸣，不过有些人不赞同这个提法。

除了口腔共鸣为主之外，胸腔共鸣是基础，可以加多一点，如果有高音的时候，增加呼吸量，发挥一点鼻腔、头腔的作用更好。要想声音圆润集中，需要改变口腔共鸣条件。发音时双唇集中用力，下巴放松，打开牙关，喉部放松，提颧肌、颊肌、笑肌，在共同运动时，嘴角上提。可以通过张口吸气或用"半打哈欠"感觉体会喉部、舌根、下巴放松，这时的口腔共鸣会加大。在打开口腔的时候，同时注意唇的收拢。

**1. 口腔共鸣训练**

口腔共鸣发声最主要的一点，是发声的时候鼻咽要关闭，不产生鼻泄漏。通过下列练习大家可以体会一下，基本都是以开口元音为主的练习。

ba da ga pa ta ka peng pa pi pu pai

普通话的四个声调，准确的叫法是第一声阴平；第二声阳平；第三声上声；第四声去声。我们在进行声音训练的时候，多用阴平声调进行，这样有利于体会声音和气息。

词组练习：

| | | | | | |
|---|---|---|---|---|---|
| 澎湃 | 冰雹 | 拍照 | 平静 | 抨击 | 批评 |
| 快乐 | 宣纸 | 挫折 | 菊花 | 捐助 | 吹捧 |
| 哗啦啦 | 噼啪啪 | 咣唧唧 | 扑通通 | 呼噜噜 | |

 绕口令

## 山上五株树

山上五株树，架上五壶醋，林中五只鹿，柜中五条裤，伐了山上树，取下架上醋，捉住林中鹿，拿出柜中裤。

**2. 鼻腔共鸣训练**

鼻腔共鸣是通过软腭来实现的，标准的鼻辅音 m，n 和 ng 就是这样发声的。有人觉得鼻音重显得声音好听、有厚度，但是过多的鼻音有如感冒，是不好的。

发 a、i、u 的音，加点鼻腔共鸣体会。

加鼻辅音：　ma mi mu na ni nu

练习：

妈妈　光芒　中央　接纳　头脑

蓝蓝的天上白云飘，白云下面马儿跑，挥动鞭儿响四方，百鸟齐飞翔。

**3. 胸腔共鸣训练**

胸腔的空间及共鸣能量大，发出的声音有深度和宽度，声音更浑厚、宽广。

"a"元音直上、直下、滑动练习。

练习：

百炼成钢　翻江倒海　追悔莫及

小柳树，满地栽，金花谢，银花开。

**4. 几个小技巧**

（1）体会胸腔共鸣：微微张开嘴巴，放松喉头，闭合声门（声带），像金鱼吐泡一样轻轻地发声。或者低低地哼唱，体会胸腔的振动。

（2）降低喉头的位置：（同上）喉部放松、放松、再放松。

（3）打牙关：所谓打牙关，就是打开上下大牙齿（槽牙），给口腔共鸣留出空间，用手去摸摸耳根前大牙的位置，看看是否打开了。然后发出一些元音，如"a"，体会自己声音的变化。

（4）提颧肌：微笑着说话，嘴角微微向上翘，同时感觉鼻翼张开了，试试看，声音是不是更清亮了。

（5）挺软腭：打一个哈欠，顺便长啸一声（注意周围有没有人哦！）。

以上技巧其实就是打开口腔的几大要点，以后在大声说话的时候，注意保持以上几种状态就会改善自己的声音。但是，切记，一定要"放松自己"，不要矫枉过正，更不要只去注意发音的形式，而把你说话的内容给忘了，这就本末倒置了。

### 练习

（1）改善音色训练：（唱歌）

学狗喘气体会实虚声、大声朗读开口呼音节体会打开口腔（如：要——找——到——）。设想面对不同数目的人群说话、设想几十米处有一人，朗诵诗给他听。

（2）共鸣练习：

学鸭叫体会软腭抬起，学牛叫体会鼻音，模拟冷笑，低音读韵母 a、ang 等，由低到高再由高到低弹发 ha，交替弹发 mi、ma、ni、na、ngi、nga，大声和远处人喊话（如：老——王——，早——点——回——家）。

（3）用绕口令或近似绕口令的语句练习气息。如：

出东门，过大桥，大桥底下一树枣，拿着杆子去打枣，青的多，红的少。一个枣，两个枣，三个枣，四个枣，五个枣，六个枣，七个枣，八个枣，九个枣，十个枣，十个枣，九个枣，……一个枣，这是一个绕口令，一口气说完才算好。

开始做练习的时候，中间可以适当换气，练到气息有了控制能力时，逐渐减少换气次数，最后要争取一口气说完。

（4）放松喉头，用"哼哼"音唱歌。

（5）学鸭叫声。挺软腭，口腔张开成一圆筒，边发 gaga 音，边仔细体会，共鸣运用得好的 gaga 音好听，共鸣运用得不好的 gaga 音枯燥、刺耳。

（6）学牛叫声。类似打电话的"嗯"（什么?）和"嗯"（明白了）。

（7）牙关大开合，同时发出"啊"的音。

（8）模拟汽笛长鸣声。(di) 既可平行发音，也可由大到小或由小到大地变化发音。

（9）做扩胸运动，同时发尽量高亢或尽量低沉的声音。

（10）"气泡音"练习。闭嘴，用轻匀的气流冲击声带，使之发出细小的抖动声。

（11）音阶层练习。选一句话，在自己音域范围内，先用低调说，一级一级地升高，然后又一级一级地下降，再一句高一句低，高低交替；一句话由高到低，再由低到高。

（12）夸张四声练习。选择韵母因素较多的词语或成语，运用共鸣技巧做夸张四声的训练。如：清——正——廉——洁——，英——勇——顽——强——。

（13）大声呼唤练习。假设某人在离自己 100 米处，大声呼唤：张——师——傅——，快——回——来——！喂——，那——里——危——险——，快——离——开——！

# 四、嗓子的保护方法

（1）坚持锻炼身体，游泳和长跑是最有效的方法，使用正确的方法坚持练声，循序渐进；（边跑边从小腹发"嘿"音）。

（2）练声时，声音由小到大、从近到远，从弱到强，由低到高，避免一开始就大喊大叫损伤声带。

（3）保证充足的睡眠是保护声带的最好措施。

（4）生病尤其感冒的时候，尽量少用嗓，此时声带黏膜增厚，容易产生病变。

（5）女性在生理周期或者其他原因鼻、咽、声带充血的时候，禁止练声。

（6）尽量少吃辛辣刺激性食物，油腻、甜黏、冷热刺激的食品也是嗓子的杀手，烟酒也要避免。

（7）坚持用淡盐水漱口，可以消除炎症并保护嗓子。

（8）中药：胖大海＋冰糖，还有金嗓子喉宝、西瓜霜、草珊瑚含片、清音丸等，都是不错的药物。

## ◈ 气息练习

### 数葫芦

一口气数不了二十四个葫芦四十八块瓢。

（气口）一个葫芦两块瓢，两个葫芦四块瓢。

（气口）三个葫芦六块瓢，四个葫芦八块瓢。

（气口）五个葫芦十块瓢，六个葫芦十二块瓢

（气口）七个葫芦十四块瓢，八个葫芦十六块瓢，

（气口）九葫芦十八块瓢，十个葫芦二十块瓢，

（气口）十一个葫芦二十二块瓢，十二个葫芦二十四块瓢，

（气口）十三个葫芦二十六块瓢，十四个葫芦二十八块瓢，

（气口）十五个葫芦三十块瓢，十六个葫芦三十二块瓢，

（气口）十七个葫芦三十四块瓢，十八个葫芦三十六块瓢，

（气口）十九葫芦三十八块瓢，二十个葫芦四十块瓢，

（气口）二十一个葫芦四十二块瓢，二十二个葫芦四十四块瓢，

（气口）二十三个葫芦四十六块瓢，二十四个葫芦四十八块瓢。

# 第三章

# 朗读技巧

朗读技巧就是朗读过程中，为使朗读效果更佳而运用的一些方法和手段。基本朗读技巧分外部技巧和内部技巧。外部技巧是指听众能够通过听觉直观感受到的气息、声音等的处理方式。包括重音、停顿、语速、语调。内部技巧指朗读过程中朗读者内心发生的一系列心理变化。包括形象感、逻辑感和内在语的表现。

## 一、外部技巧

### （一）重音

重音是指朗读、说话时句子里某些词语念得比较重的现象，一般用增加声音的强度来体现（有时也可读轻、读慢）。重音有语法重音、逻辑重音和感情重音三种。朗读者恰当运用重音，能够准确解析和表达文章的思想感情，也有利于听者的理解和品味。

**1. 语法重音**

在不表示什么特殊的思想和感情的情况下，根据语法结构的特点而把句子的某些部分重读，叫做语法重音。

（1）一般短句子中的谓语和谓语后面的宾语常处理成语法重音。如：

陈静跳上自行车……

（2）名词前面的定语，动词或形容词前面的状语常处理成语法重音。如：

橙色的路灯下，幸好还有一个修车的摊儿。会者不难，车很快修好了。

（3）动词后面由形容词、动词及部分词组充当的补语常处理成语法重音。如：

剪得惟妙惟肖、栩栩如生，常常令人十分赞叹。

（4）有些指示代词、疑问代词要处理成语法重音。如：

什么是正气呢？我倒要看看享有这种恶名的花儿究竟怎样个丑法。

**2. 逻辑重音**

为了突出句子中的某种特殊含义而重读的词语，称为逻辑重音。在同一个句子中，对不同的词语分别给予重读，将会表现出不同的意思。例如，在下面几个句子里可以看出，同样的语言结构由于着重点不同，即有不同的强调重音。重音运用得不恰当，会使听者产生歧义。如：

我知道你会唱歌。（——不用问别人。）

我知道你会唱歌。（——你不要瞒我了。）

我知道你会唱歌。（——不是别人。）

我知道你会唱歌。（——你怎么说不会？）

我知道你会唱歌。（——别的会不会我不知道。）

**3. 感情重音**

为了表达思想感情的需要而重读的词语、句子甚至某一段文字。如：

他只不过用笔写写文章，用嘴说说话，而他所写的，所说的，都无非是一个没有失掉良心的中国人的话！大家都有一支笔，有一张嘴，有什么理由拿出来讲啊！有事实拿出来说啊！

闻一多《最后一次的讲演》

## （二）停顿

停顿是指句子当中、句子之间、段落之间、层次之间或者词语当中声音上的间歇。同样一句话，不同的停顿方式，可能会产生不同的表达效果，甚至会有截然不同的语义出现。如下面这段文字：

我赞成他也赞成你怎么样？

可以因停顿位置的差异而有不同的理解：

我赞成他，也赞成你，怎么样？

我赞成，他也赞成，你怎么样？

停顿分以下几类：

**1. 气息停顿**

气息停顿也称生理停顿，在朗读中体现为换气。这种停顿一定要选择适当的位置，不要破坏了词语或句子的完整性，以免影响句意的准确表达。

如下面这个长句：

我想，/这是因为/他们都知道：/正是/这些/老人们的/流血牺牲/换来了/包括他们信仰自由在内的/许许多多。

这里可能有停顿的地方总共有九个，如果在这九个之外的地方停顿，势必破坏句子的结构。那么，这九个地方又该如何安排停顿，从而显示句子的结构呢？

我想，｜这是因为'他们都知道：‖正是这些老人们的'流血牺牲"换来了'包括他们信仰自由在内的"许许多多。

"｜"表示较短的断句停顿，"‖"表示较长的断句停顿；"′"表示较短的内部停顿，"″"表示较长的内部停顿。

### 2. 语法停顿

语法停顿是反映一句话里面的语法关系的，在书面语言里就表现为标点。因此，语法停顿即指依据标点符号所作的停顿。一般情况下，停顿时间的长短依次这样排列（从短到长）：

顿号/括号→逗号/引号→分号→句号/冒号/破折号→问号/感叹号/省略号。

### 3. 结构停顿

结构停顿是指在文章的段落、层次之间的停顿。在段落以及各层次之间有一个稍长的停顿，可以给听者留下一点时间迅速整理一下思路，消化前面所听到的内容，以保持一个清晰的思路，继续听下文。

### 4. 逻辑停顿

逻辑停顿是指为了显示某种语意或突出停顿前后的词语而作的停顿。如：

相聚/不知珍惜，别离/才感情重。

要抓住的/或已失落，该挽留的/已经滑过。

### 5. 感情停顿

指为了表达某种强烈的感情而作的停顿。如：

孩子的母亲平静地对我说，他的眼睛从小就/失去了光明。我/惊呆了。

## （三）语速

语速指朗读或说话时吐字的快慢，也就是指语言外在的速度。语速与停连有着密切的关系。影响语速的因素很多，归纳起来，大致有以下几种情况：

（1）场景影响语速：变化发展的场面宜用快读；平静、严肃的场面宜用慢读。

（2）心情影响语速：紧张、焦急、慌乱、热烈、欢畅的心情宜用快读；沉重、悲痛、缅怀、悼念、失望的心情宜用慢读。

（3）谈话方式影响语速：辩论、争吵、急呼宜用快读；闲谈、絮语宜用慢读。

（4）叙述方式影响语速：抨击、斥责、控诉宜用快读；记叙、说明、追忆宜用慢读。

朗读下面文字，注意语速变化：

她猛然喊了一声。脖子上的钻石项链没有了。她丈夫已经脱了一半衣服，就问："什么事情？"‖她吓昏了，转身向着他说："我……我……我丢了佛来思节夫人的项链了。"他惊惶失措地直起身子，说："什么！……怎么啦？……哪儿会有这样的事！"

（莫泊桑《项链》）

提示：此段落中，影响语速的主要是人物心情。整段"她"的心情都是紧张、焦虑、慌乱的，所以涉及"她"时，语速都要快。而男主人公"他"前后心情有变化，在‖之前，心情比较平静，宜慢。‖之后，"他"的心情急转直下，语速也跟着陡转。

## （四）句调

句调是指整个句子的语音高低升降变化。句调的作用主要是用以表达不同的语气和语意。句调有四种：平调、升调、降调、曲调。

**1. 平调**

平调是指句子末尾部分的高低没有特别明显的升降变化，语势平直舒缓。一般用来表达客观、严肃、冷淡、庄重等情绪。陈述、说明性的语句多用平调。例如：

生命在海洋里诞生绝不是偶然的，海洋的物理和化学性质，使它成为孕育原始生命的摇篮。（叙述说明）

我从小到大都听他说："你到哪里去？什么时候回家？""汽车有没有汽油？""不，不准去。"他完全不知道怎样表达爱。……（画线部分，冷淡）

中国西部我们通常是指黄河与秦岭相连一线以西，包括西北和西南的十二个省、市、自治区。这块广袤的土地面积为五百四十六万平方公里，占国土总面积的百分之五十七；人口二点八亿，占全国总人口的百分之二十三。（客观）

烈士们的英名和业绩将永垂不朽！（严肃）

**2. 降调**

降调是指句子末尾部分明显下抑，语势前高后低或前平后降。一般用来表达请求、感叹、赞扬、坚决、沉痛等语气。陈述、祈使等语句多用降调。例如：

如果将来我有什么要教给我的孩子，我会告诉他：假若你一直和时间比赛，你就可以成功！（肯定）

盼望着，盼望着，东风来了，春天的脚步近了。（坚信）

但它却是伟岸，正直，朴质，严肃，也不缺乏温和，更不用提它的坚强不屈与挺拔，它是树中的伟丈夫！（感叹）

"请耐心等上几分钟，"卡廷说，"瞧，我正在削一支柳笛，差不多就要做好了，完工后就送给你吧。"（请求）

白杨树实在是不平凡的，我赞美白杨树！（赞美）

**3. 升调**

升调是指句子末尾部分明显上扬，语势前低后高或前平后扬。一般用来表达疑问、设问、反问、号召、鼓动、惊异等语气。问、叹句多用升调。

"什么是永远不会回来呢？"我问着。

啊，小桥呢？它躲起来了？（疑问）

当你在积雪初融的高原上走过，看见平坦的大地上傲然挺立这么一株或一排白杨树，难道你就只觉得它只是树？难道你就不想到它的朴质，严肃，坚强不屈，至少也象征了北方的农民？难道你竟一点也不联想到，在敌后的广大土地上，到处有坚强不屈，就像这白杨树一样傲然挺立的守卫他们家乡的哨兵？难道你又不更远一点想到，这样枝枝叶叶靠紧团结，力求上进的白杨树，宛然

象征了今天在华北平原纵横决荡，用血写出新中国历史的那种精神和意志？（反话）

需要注意的一点是，问句大多用升调。但是，一些深沉、凝重的问句，比如有关宇宙、生命、人生的追问，往往处理成降调。比如：

人来到这个世界，都要面对三个终极的人生问题：我是谁？我从哪里来？我要到哪里去？

燕子去了，有再来的时候；杨柳枯了，有再青的时候；桃花谢了，有再开的时候。但是，聪明的，你告诉我，我们的日子为什么一去不复返呢？——是有人偷了他们罢：那是谁？又藏在何处呢？是他们自己逃走了吧？现在又到了哪里呢？（朱自清《匆匆》）

**4. 曲调**

曲调是指整个句子旳语势呈现明显的曲折变化。用来表现讽刺、夸张、双关等语气。例如：

我得去！凭我这身板，赤手空拳也干个够本！我刚打算往下跳，只见她扭回头来，两眼直盯着被惊呆了的孩子，拉长了声音说："孩子，<u>好好的听妈妈的话啊</u>！"（王愿坚《党费》）

综上所述，在朗读时，除了要准确发音外，还应分别从语调、语速、停顿和重音等几个方面加以合理运用，才能准确表达文章的思想感情。当然，在实际朗读的过程中，语音的各种手段是综合运用、浑然一体的。如果没有对作品的深入理解，没有熟练扎实的语音功底，没有艰苦的反复练习作为基本前提，就不能合理地运用朗读中的"语气"，形成完整、流畅、自然、生动的朗读表现形式，更不能恰如其分地、有创造性地表达文章的思想感情。

📖 **练习**

## 听 潮
### 鲁 彦

一年夏天，我和妻坐着海轮，到了一个有名的岛上。

这里是佛国，全岛周围三十里内，除了七八家店铺以外，全是寺院。岛上没有旅店，每一个寺院都特设了许多房间给香客住宿。而到这里来的所谓香客，有很多是游览观光的，不全是真正烧香拜佛的香客。

我们就在一个比较幽静的寺院里选了一间房住焉，——这是一间靠海湾的楼房，位置已经相当地好，还有一个露台突出在海上，早晚可以领略海景，尽够欣幸了。

每天潮来的时候，听见海浪冲击岩石的音响，看见空际细雨似的，朝雾似的，暮烟似的飞沫升落；有时它带着腥气，带着咸味，一直冲进我们的窗棂，黏在我们的身上，润湿着房中的一切。

"现在这海就完全属于我们的了！"当天晚上，我们靠着露台的栏杆，赏鉴海景的时候，妻欢心地呼喊着说。

大海上一片静寂。在我们的脚下，波浪轻轻吻着岩石，像朦胧欲睡似的。在平静的深黯的海面上，月光碎开了一款狭长的明亮的云汀，闪闪地颤动着，银鳞一般。远处灯塔上的红光镶在黑暗的空间，像是一颗红玉。它和那海面的银光在我们面前揭开了海的神秘，——那不是狂暴的不测的可怕的神秘，而是幽静的和平的愉悦的神秘。我们的脚下仿佛轻松起来，平静地，宽廓地，带着欣幸与希望，走上了那银光的路朝向红玉的琼台走了去。

这时候，妻心中的喜悦正和我一样，我俩一句话都没有说。

海在我们脚下沉吟着，诗人一般。那声音仿佛是朦胧的月光和玫瑰的晨雾那样温柔；又像是情人的蜜语那样芳醇；低低地，轻轻地，像微风拂过琴弦，像落花飘零在水上。

海睡熟了。

大小的岛拥抱着，偎依着，也静静地恍惚入了梦乡。

许久许久，我俩也像入睡了似的，停止了一切的思念和情绪。

不晓得过了多少时候，远寺的钟声突然惊醒了海的酣梦，它恼怒似地激起波浪的兴奋，渐渐向我们脚下的岩石掀过来，发出汩汩的声音，像是谁在海底吐着气，海面的银光跟着晃动起来，银龙样的。接着我们脚下的岩石上就像铃子、铙钹、钟鼓在奏鸣着，而且声音愈响愈大起来。

没有风。海自己醒了，喘着气，转侧着，打着呵欠，伸着懒腰，抹着眼睛。因为岛屿挡住了它的转动，它狠狠地用脚踢着，用手推着，用牙咬着。它一刻比一刻兴奋，一刻比一刻用劲。岩石也仿佛渐渐战栗，发出抵抗的嗥叫，击碎了海的鳞甲，片片飞散。

海终于愤怒了。它咆哮着，猛烈地冲向岸边袭击过来，冲进了岩石的罅隙里，又拨刺着岩石的壁垒。

音响就越大了。战鼓声，金锣声，呐喊声，叫号声，啼哭声，马蹄声，车轮声，机翼声，掺杂在一起，像千军万马混战了起来。

银光消失了。海水疯狂地汹涌着，吞没了远近大小的岛屿。它从我们的脚下扑了过来，响雷般地怒吼着，一阵阵地将满含着血腥的浪花泼溅在我们的身上。

"彦，这里会塌了！"妻战栗起来叫着说，"我怕！"

"怕什么。这是伟大的乐章！海的美就在这里。"我说。

退潮的时候，我扶着她走近窗边，指着海说："一来一去，来的时候凶猛；去的时候又多么平静呵！一样的美。"

然而她怀疑我的话，她总觉得那是使她恐惧的。但为了我，她仍愿意陪着我住在这个危楼。

我喜欢海，溺爱着海，尤其是潮来的时候。因此即使是伴妻一道默坐在房里，从闭着的窗户内听着外面隐约的海潮音，也觉得满意，算是尽够欣幸了。

# 二、内部技巧

## （一）形象感

形象感是指朗读者在作品形象性词语的刺激下，感受和再现客观世界的种种事物，使表现情、景、事、理、人的文字符号，在朗读者内心成为生动可感的形象。直观的解释就是，我们读的是一个个印在纸上的文字，但内心里浮现的是一个个形象、一幅幅画面。

### 天净沙·秋思

枯藤老树昏鸦，小桥流水人家，古道西风瘦马。夕阳西下，断肠人在天涯。

这首小令全篇仅有 28 个字，读这首小令时，我们脑海里浮现的并不是这 28 个字，而是一幅幅的画面，枯藤缠绕着老树，树上瑟缩着一只乌鸦……夕阳西下，荒草漫淹的古道上，一个游子满身疲惫，牵着一匹瘦马踽踽而来。

生动的形象、鲜活的画面更能够帮助我们身临其境，触景生情，从而有感于内，发乎其外。

## （二）逻辑感

所谓逻辑感，是指朗读时，要厘清作品涉及的概念、判断、推理、论证，以及全篇的布局、思想发展脉络，层次、语句之间的内在联系，并在头脑中形成总体感受。

逻辑感主要体现在两个方面：一是语言目的要明确，不能似是而非；二是语言脉络要清晰，不能模棱两可。朗读者要学会将作品中的主次、并列、转折、递进、因果等关系，用语流表现出来，以增强有声语言的感染力。如毛泽东的《沁园春·长沙》：

### 沁园春·长沙

独立寒秋，湘江北去，橘子洲头。

看万山红遍，层林尽染；漫江碧透，百舸争流。

鹰击长空，鱼翔浅底，万类霜天竞自由。

怅寥廓，问苍茫大地，谁主沉浮？

携来百侣曾游，忆往昔峥嵘岁月稠。

恰同学少年，风华正茂；书生意气，挥斥方道。

指点江山，激扬文字，粪土当年万户侯。

曾记否，到中流击水，浪遏飞舟？

"看"字从逻辑关系上讲，统领下文："万山红遍，层林尽染；漫江碧透，百舸争流。

鹰击长空，鱼翔浅底，万类霜天竞自由。"

也就是说："万山红遍，层林尽染；漫江碧透，百舸争流。鹰击长空，鱼翔浅底，万类霜天竞自由"都是看的客体。所以，在朗读时要把这种关系用有声语言表现出来。

看//万山红遍，/层林尽染；/漫江碧透，/百舸争流。

鹰击长空，/鱼翔浅底，/万类霜天竞自由。

又如《匆匆》：

……去的尽管去了，来的尽管来着；去来的中间，又怎样地匆匆呢？早上我起来的时候，小屋里射进两三方斜斜的太阳。太阳他有脚啊，轻轻悄悄地挪移了；我也茫茫然跟着旋转。于是——洗手的时候，日子从水盆里过去；吃饭的时候，日子从饭碗里过去；默默时，便从凝然的双眼前过去。我觉察他去的匆匆了，伸出手遮挽时，他又从遮挽着的手边过去。天黑时，我躺在床上，他便伶伶俐俐地从我身上跨过，从我脚边飞去了。等我睁开眼和太阳再见，这算又溜走了一日。我掩着面叹息。但是新来的日子的影儿又开始在叹息里闪过了。……

上文中加下划线部分，句子很长，但是逻辑关系很简单：洗手的时候日子过去；吃饭的时候日子过去；默默的时候日子过去；遮挽的时候日子过去；躺在床上的时候日子过去。这些都是并列关系。一般情况下，并列关系的语句在逻辑地位上是平等的，体现在语言上，语速、语调、类似，不能有太大的起伏，稍有顿挫变化即可。反过来说，就是我们要用类似的语言表现分句之间的平等关系。

洗手的时候，/日子从水盆里过去；//吃饭的时候，/日子从饭碗里过去；//默默时，/便从凝然的双眼前过去。//我觉察他去的匆匆了，/伸出手遮挽时，/他又从遮挽着的手边过去。//天黑时，/我躺在床上，/他便伶伶俐俐地从我身上跨过，/从我脚边飞去了。

### （三）内在语

内在语即"潜台词""话外之意""弦外之音"，是文字作品背后的更深一层的含义，也是文字作品所不便表露、不能表露或没有完全表露出来的东西。朗读时要运用语言技巧把话语背后的"内在语言"所要表达的思想、态度和感情色彩充分表现出来。

### 囚　歌

为人进出的门紧锁着，
为狗爬出的洞敞开着。
一个声音高叫着：
爬出来吧，给你自由！
我渴望自由，
但我深深地知道——
人的身躯怎能从狗洞子里爬出！

我希望有一天，

地下的烈火，

将我连这活棺材一齐烧掉，

我应该在烈火与热血中得到永生！

这首诗里，人不是一般的人，狗也不是普通的狗。在朗读时，必须利用语气语调等手段把作者所要表达的深层含义表现出来。

为人进出的门/紧锁着，

为狗爬出的洞/敞开着。

又比如《落花生》：

我们家的后园有半亩空地，母亲说："让它荒着怪可惜的，你们那么爱吃花生，就开辟出来种花生吧。"我们姐弟几个都很高兴，买种，翻地，播种，浇水，施肥，没过几个月，居然收获了。

母亲说："今晚我们过一个收获节，请你们父亲也来尝尝我们的落花生，好不好？"母亲把花生做成了好几样食品，还吩咐就在后园的茅草亭过这个节。

<u>晚上天色不太好，可是父亲也来了，实在很难得。</u>

……

加下划线的文字，如何处理重音？

在处理重音时，就要深入理解这句话的话外之意，结合前文，母亲说"请你们父亲也来尝尝我们的落花生"，提到父亲时，母亲用了一个"请"字，这在家庭成员之间是比较罕见的，后文父亲说"你们爱吃花生吗""谁能把花生的好处说出来""花生的好处很多，有一样最可贵：它的果实埋在地里，不像桃子、石榴、苹果那样，把鲜红嫩绿的果实高高地挂在枝头上，使人一见就生爱慕之心。你们看它矮矮地长在地上，等到成熟了，也不能立刻分辨出来它有没有果实，必须挖起来才知道"。然后"我们都说对，母亲也点点头"。从父亲的语言、语气，以及我们的态度可以体会到，父亲在家庭中是处于绝对支配地位的。父亲的形象是严肃的，是不苟言笑，甚至有点高高在上、难以接近。再加上"天色不太好"。所以，"我们"心里是有一点预设的"父亲很可能不会来了"。把这个预设的句子放入文章当中去，就是"晚上天色不太好，（我们想父亲可能不来了，）可是父亲也来了，实在很难得。"所以重音应该放在"来"字上，才更加符合作者的原意。

## （四）语气的运用

同样的话语，语气不同表现出来的思想感情会有很大差异，甚至截然相反。因此，我们在处理朗读朗诵作品时，要在深刻理解作品文意的基础上，审慎揣摩语气，正确完整地表达情感。语气源于内在情感，外在表现为语调、语速、气息等不同因素的排列组合。比如：语调上扬，语速较快，呼吸浅，气息足，表现出来的就是喜悦、激动的语气。而语调下沉，语速较慢，呼吸深沉，表现出来的就是悲哀或沉重的语气。

语气运用的一般规律是：喜则气满声高，悲则气沉声缓，爱则气缓声柔，憎则气足声硬，急则气短声促，冷则气少声淡，惧则气提声抖，怒则气粗声重，疑则气细声黏，静则气舒声平。

✎ **练习**

根据实际场景揣摩语气朗读下列语句

1. 课间，班主任兴奋地推开教室的门："告诉大家一个好消息！"

2. 手术室门口，医生走出手术室，摘下口罩："我们已经尽力了，但病人还是走了，走的时候很安详。"

3. 夜晚，卧室床上，奶奶哄孙子睡觉："宝贝，乖，奶奶呀，给你讲故事。"

4. 看着被鬼子烧毁的村庄，游击队员紧握双拳："这帮畜生，王八蛋！早晚要让他们血债血偿！"

5. 教室里，突然，空气中弥漫起一股焦煳味，这时，楼道里传来一个声音："不好了！着火了！大家快跑啊！"

6. 经过半年的冷战，夫妻二人决定坐下来谈谈，妻子："我们离婚吧。"丈夫："随便。"

7. 深夜，僻静胡同里，一位女生发现一个黑影正向自己靠近："谁？不要过来！"

8. 老王怒斥自己不孝的儿子："你给我滚！"

9. 大街上，一个人热情地和你打招呼。你也觉得他似曾相识又认不准："你是……老李吧。"

10. 夏夜，清风徐来，老爷爷躺在门前的躺椅上，摇着蒲扇给孙子讲故事："看今晚的星星多亮啊，那是牛郎星，那是织女星，那是银河……"

## 三、特殊技巧的运用

### （一）气音

表示感叹、惊讶等感情或模仿某种声音时，要用气大于声的技巧，类似耳语但与耳语不同，耳语声带不振动。

1. ……她的一双小手几乎冻僵了。啊，哪怕一根小小的火柴，对她也是有好处的……哧！火柴燃起来了，冒出火焰来了！

——《卖火柴的小女孩》

2. ……那醉人的绿呀！仿佛一张极大极大的荷叶铺着，满是奇异的绿呀！我想张开两臂抱住她，但这是怎样一个妄想啊！……

——《绿》

### （二）颤音

表示某种特别激动的情绪和特定的声音，让声门急速开合交替，从而使声音稍带颤抖。

1. ……往后的日子她从这所小学校里送走了一批又一批孩子去读初中、高中、大学……这一留就是整整三十年。

——《第十一位》

2. ……这又岂不象征着我们的母亲，是一位天姿玉质的美人吗，她的身体的每一部分，都有令人爱慕之美呀。……

——《可爱的中国》

### （三）拖腔

表示领悟、回忆、迟疑、支吾、乏力、虚弱等情境时，有意把某些声音延长。

1. 扑到指导员身上大声喊"指导员，指导员……"好半天，他才微微睁开眼，嘴里叨念着"书……书……"

——《珍贵的教科书》

2. "你是——小李子吧?"张大爷一边回忆一边问道。

### （四）泣诉

表示悲苦、惨痛、哀伤等情态时，往往使声音带上一定的呜咽、哭泣的色彩，这种带有哭腔的语言表达方式叫泣诉。

1. ……火柴灭了，火炉不见了……

——《卖火柴的小女孩》

2. ……送他入院的同志不相信这个诊断，一连声问道："什么？什么?"医生强忍住悲痛说"焦裕禄同志恐怕最多只有二十几天时间了。"送他的同志愣了一下，突然放声痛哭起来！紧紧拉住医生的手说："医生！医生！俺求求您！请您一定把他治好！俺兰考三十八万人民离不开他，离不开他呀!"在场的同志都难过地掉下泪来。

——《鞠躬尽瘁》

### （五）笑语

表示欢快或嘲讽而发笑的情态时，使声音带上些笑的色彩。

1. 只有偶尔驶过的赶路的驳船，响着汽笛，在江面划开一条发光的路；于是渔火和灯标，都像惊醒了一般，在水面上轻轻地摇曳。

——《三峡之秋》

2. 那时你才 18 岁，像我们的大姐姐。

——《开放在小河边的微笑》

# 四、声音色彩练习

1. 请根据内容选择合适的风格朗读下列语句。

（1）柳条儿青，柳条儿长，柳条儿随风在摇荡，摇来了春天，摇来了小鸟，摇得那湖水闪闪亮。柳条儿青，柳条儿长，柳条儿随风在摇荡，我做只柳笛吹起来，嘀呖呖像小鸟在歌唱。

参考风格：轻松活泼。

（2）将圆未圆的明月，渐渐升到高空，一片透明的灰云，渐渐地遮住月光，田野上面，仿佛笼起一片轻烟，朦朦胧胧，如同坠入梦境，晚云飘过之后，田野上烟消雾散，火一样的清光，冲洗着柔和的秋夜。

参考风格：深沉宁静。

（3）总理的灵车徐徐开来，灵车四周挂着黑黄两色的挽幛，上面佩着大白花，庄重，肃穆。人们怀着沉痛的心情，尾随着灵车移动。灵车所到之处，像是一个无声的指挥，老人，孩子，青年都不约而同地站直了身体，摘下了帽子，向灵车致敬，哭泣着，顾不上擦去腮边的泪水，舍不得眨一眨眼睛，人们心里都在深深默念着："敬爱的周总理，我们想念您啊，想念您！您永远活在我们心里，您永远活在人民心中！"

参考风格：低沉悲痛。

（4）风呼呼地刮着，雨哗哗地下着，黑暗笼罩着大地。"要记住革命"——我想起他牺牲前说的话。对，要记住革命！我抬起头来，透过无边的风雨，透过无边的黑暗，我们仿佛看见了一条光明大路，这条大路一直通向遥远的陕北，我鼓起勇气，迈开大步，向着部队前进的方向走去。

参考风格：坚定昂扬。

（5）中国人民的感情不可侮，中国的主权不容侵犯。西方侵略者几百年来只要在东方的一个海岸上架起几尊大炮，就可以霸占一个国家的时代，已经一去不复返了。中国领土绝不是哪家军队随便溜达的"后花园"，中国领海绝不是哪家舰船随便游弋的"游泳池"，中国领空绝不是哪家军用飞机随便进出的"空中走廊"。以保卫祖国为己任的中国人民解放军，以国家的利益为利益，以国家的意志为意志，时刻牢记党和人民赋予的神圣使命，坚决保卫国家主权和领土完整，捍卫国家领海、领空和海洋权益。

参考风格：义正词严

2. 全篇练习。

## 金色的鱼钩

1935年秋天，红四方面军进入草地，许多同志得了肠胃病。我和两个小同志病得实在赶不上队伍了，指导员派炊事班长照顾我们，让我们走在后面。

炊事班长快四十岁了，个儿挺高，背有点儿驼，四方脸，高颧骨，脸上布满皱纹，两鬓都斑白了。因为全连数他岁数大，他对大家又特别亲，大伙都叫他"老班长"。

三个病号走不快，一天只走二十来里路。一路上，老班长带我们走一阵歇一阵。到了宿营地，他就到处去找野菜，和着青稞面给我们做饭。不到半个月，两袋青稞面吃完了。饥饿威胁着我们。老班长到处找野菜，挖草根，可是光吃这些东西怎么行呢？老班长看我们一天天瘦下去，他整夜整夜地合不拢眼。其实他这些天瘦得比我们还厉害呢！

一天，他在一个水塘边给我们洗衣裳，忽然看见一条鱼跳出水面。他喜出望外地跑回来，取出一根缝衣针，烧红了，弯成个钓鱼钩。这天夜里，我们就吃到了新鲜的鱼汤。尽管没加作料，可我们觉得没有比这鱼汤更鲜美的了，端起碗来吃了个精光。

以后，老班长尽可能找有水塘的地方宿营，把我们安顿好，就带着鱼钩出去了。第二天，他总能端着热气腾腾的鲜鱼野菜汤给我们吃。我们虽然还是一天一天衰弱下去，比起光吃草根野菜来毕竟好多啦。可是老班长自己呢，我从来没见他吃过一点儿鱼。

有一次，我禁不住问他："老班长，您怎么不吃鱼啊？"

他摸了摸嘴，好像回味似地说："吃过了。我一起锅就吃，比你们还先吃呢。"

我不信，等他收拾完碗筷走了，就悄悄地跟着他。走近前一看，啊！我不由得呆住了。他坐在那里捧着搪瓷碗，嚼着几根草根和我们吃剩下的鱼骨头，嚼了一会儿，就皱紧眉头硬咽下去。我觉得好像有万根钢针扎着喉管，失声喊起来："老班长，你怎么……"

老班长猛抬起头，看见我目不转睛地看着他手里的搪瓷碗，就支吾着说："我，我早就吃过了。看到碗里还没吃干净，扔了怪可惜的……"

"不，我全知道了。"我打断了他的话。

老班长转身朝两个小同志睡觉的地方看了一眼，一把把我搂到身边，轻声说："小声点儿，小梁！咱俩是党员，你既然知道了，可不要再告诉别人。"

"可是，你也要爱惜自己啊！"

"不要紧，我身体还结实。"他抬起头，望着夜色弥漫的草地，好久，才用低沉的声音说，"指导员把你们三个人交给我，他临走的时候说：'他们年轻。一路上，你是上级，是保姆，是勤务员，无论多么艰苦，也要把他们带出草地。'小梁，你看这草地，无边无涯，没个尽头。我估计，还要二十多天才能走出去。熬过这二十多天不简单啊！眼看你们的身子一天比一天衰弱，只要哪一天吃不上东西，说不定就会起不来，真有个三长两短，我怎么去向党报告呢？

难道我能说，'指导员，我把同志们留在草地上，我自己克服了困难出来啦'？"

"可是，你总该跟我们一起吃一点儿呀！"

"不行，太少啦。"他轻轻地摇摇头，"小梁，说真的，弄点儿吃的不容易啊！有时候等了半夜，也不见鱼上钩。为了弄一点儿鱼饵，我翻了多少草皮也找不到一条蚯蚓……还有，我的眼睛坏了，天色一暗，找野菜就得一棵一棵地摸……"

我再也忍不住了，抢着说："老班长，以后我帮你一起找，我看得见。"

"不，咱们不是早就分好工了吗？再说，你的病也不轻，不好好休息会支持不住的。"

我还坚持我的意见。老班长忽然严厉地说："小梁同志，共产党员要服从党的分配。你的任务是坚持走路，安定两个小同志的情绪，增强他们的信心！"

望着他那十分严峻的脸，我一句话也说不上来，竟扑倒在他怀里哭了。

第二天，老班长端来的鱼汤特别少，每个搪瓷碗里只有小半条猫鱼，上面漂着一丁点儿野菜。他笑着说："吃吧，就是少了点儿。唉！一条好大的鱼已经上了钩，又跑啦！"

我端起搪瓷碗，觉得这个碗有千斤重，怎么也送不到嘴边。两个小同志不知道为什么，也端着碗不往嘴边送。老班长看到这情况，收敛了笑容，眉头拧成了疙瘩。他说："怎么了，吃不下？要是不吃，咱们就走不出这草地。同志们，为了革命，你们必须吃下去。小梁，你不要太脆弱！"最后这句话是严厉的，意思只有我知道。

我把碗端到嘴边，泪珠大颗大颗地落在热气腾腾的鱼汤里。我悄悄背转身，擦擦眼睛，大口大口地咽着鱼汤。老班长看着我们吃完，脸上的皱纹舒展开了，嘴边露出了一丝笑意。可是我的心里好像塞了铅块似的，沉重极了。

挨了一天又一天，渐渐接近草地的边了，我们的病却越来越重。我还能勉强挺着走路，那两个小同志连直起腰来的力气也没有了。老班长虽然瘦得只剩皮包骨头，眼睛深深地陷了下去，还一直用饱满的情绪鼓励着我们。我们就这样扶一段，搀一段，终于走到草地边上。远处，重重叠叠的山峰已经看得见了。

这天上午，老班长快活地说："同志们，咱们在这儿停一下，好好弄点儿吃的，鼓一鼓劲，一口气走出草地去。"说罢，他就拿起鱼钩找水塘去了。

我们的精神特别好，四处去找野菜，拾干草，好像过节似的。但是过了好久，还不见老班长回来。我们四面寻找，最后在一个水塘旁边找到了他，他已经昏迷不醒了。

我们都着慌了。过雪山的时候有过不少这样的例子，战士用惊人的毅力支持着自己的生命，但是一倒下去就再也起不来了。要挽救老班长，最好的办法是让他赶快吃些东西。我们立即分了工，我去钓鱼，剩下的一个人照料老班长，一个人生火。

我蹲在水边，心里不停地念叨："鱼啊！快些来吧！这是挽救一个革命战士的生命啊！"可是越性急，鱼越不上钩。等了好久，好容易看到漂在水面的芦秆动了一下，赶紧扯起钓竿，总算钓上来一条两三寸长的小鱼。

当我俯下身子，把鱼汤送到老班长嘴边的时候，老班长已经奄奄一息了。他微微地睁开眼睛，看见我端着的鱼汤，头一句话就说："小梁，别浪费东西了。我……我不行啦。你们吃吧！还有二十多里路，吃完了，一定要走出草地去！"

"老班长，你吃啊！我们抬也要把你抬出草地去！"我几乎要哭出来了。

"不，你们吃吧。你们一定要走出草地去！见着指导员，告诉他，我没完成党交给我的任务，没把你们照顾好。看，你们都瘦得……"

老班长用粗糙的手抚摸我的头。突然间，他的手垂了下去。

"老班长！老班长！"我们叫起来。但是老班长，他，他的眼睛慢慢地闭上了。

我们扑在老班长身上，抽噎着，很久很久。

擦干了眼泪，我把老班长留下的鱼钩小心地包起来，放在贴身的衣兜里。我想：等革命胜利以后，一定要把它送到革命烈士纪念馆去，让我们的子子孙孙都来瞻仰它。在这个长满了红锈的鱼钩上，闪烁着灿烂的金色的光芒！

# 第四章

# 态势语训练

## 一、什么是态势语

态势语又叫体态语言，是指人在交际过程中，用来传递信息、表达感情、表示态度的非言语的特定身体态势。体态语言既可以补充、修饰言语行为；又可以部分地代替言语行为，发挥独立的表达功能；同时又能表达言语行为难以表达的感情和态度。

体态语言是人类语言的重要组成部分，是有声语言的重要补充手段，有时甚至在某些方面超越有声语言，表达出有声语言难以表述的细微、真实的情感和态度。人类的体态语言不是孤立的、偶发的，它往往伴随有声语言常态化的出现，形成了一整套系统性的体态语言表达模式。

体态语言的表达系统由下面几个部分组成。

### （一）静态体态语言，包括体态、外貌、穿着、配饰等

静态体态语言，指的是人的体态、外貌、衣着、配饰等静态形象传达出的个人身份及性格特征以及当下的心情或对人对事的态度等信息。

我们反对以貌取人，但不可否认的一个事实是：人都存在着以貌取人的倾向，而且这种倾向是与生俱来的，很难改变，并且无时无刻不在影响我们的生活。

人们对他人的外貌特征与性格、品质、能力等的关系有着相对固化的联系。虽然这种联系在很多情况下是不成立的。比如：在大多数人的观念里，肥胖的体型往往与笨拙联系在一起，进而由肢体的笨拙联系到头脑蠢笨。事实上，有许多身体较胖的人动作并不笨拙，即所谓"灵活的胖子"，许多身体肥胖的人，头脑也非常灵活。但人们头脑里的那种胖与笨的固化联系始终是难以完全去除掉的。

作为个体，我们无法改变这种普遍存在影响广泛的顽固认知联系，只能适应，也就是使我们的外在形象更加符合人们的审美习惯。

体型是最直观的外在静态肢体语言，保持挺拔、健美的体型不仅仅是为了美观，实际上

也是在向外界传达信息。过胖的体型使人感觉压抑，向外界传递蠢笨、迟缓、不健康等负面信息。过瘦的体形又使人感觉飘忽不定、缺乏安全感。因此，保持一个良好的体型是非常重要的。而服饰、妆容、配饰是人的天然外貌的延伸，一个人的服饰、妆容、配饰可以直观地体现他的修养、学识、审美情趣。

作为教师，优雅的妆容不但体现为人师表的气质与风范，也是教育学生、影响学生的重要手段。首先，教师应该尽量保持优美的体型与挺拔向上的身体状态。身材匀称，胖瘦适中。不弯腰驼背，不腆胸叠肚。行走站立稳重端庄。女士可以化一些淡妆，显得更有朝气。如果素面朝天，会给人"面黄肌瘦""灰头土脸"的感觉。面色红润、朝气蓬勃才显得更有亲和力，更加干练。但切忌浓妆艳抹，那不是职业女性尤其是人民教师应该有的精神风貌。只能向外界传递这个人庸俗、低质、没文化、没品位等消极信息。

教师着装以整洁美观、稳重大方、协调高雅为总原则，服饰色彩、款式、大小应与教师的气质相协调。服装款式应顺应潮流而不引领潮流，服装质地不尚奢华也绝非廉价。另外，工作时间应选择严肃的服装。T恤衫、迷你裙、紧身裤、宽松服装等，其他比较另类、前卫或过于暴露的服装应该严格避免穿着。当然，休闲时间除外。

### （二）动态体态语言，包括表情、眼神、肢体动作等

#### 1. 表情

面部表情在人类社会的交流沟通中扮演着十分重要的角色，表情是人内心的思想感情在脸部的外化，这种外化是通过面部肌肉的运动来实现的。教师在工作中的表情可划分为常规性表情和变化性表情两种模式。

常规性表情是在与学生私下交流或者课上讲述较少涉及情感的教学内容时应表现并保持的表情状态。常规性表情的基本要求是：自然、和蔼、亲切，直观的表现就是保持微笑。

变化性表情是指伴随教学或谈话内容而产生的不同的表情。

无论是常规性表情还是变化性表情，都应该是适度的，应该做到不呆板、不夸张，渐现渐收，转换自然。

#### 2. 眼神

眼睛是心灵的窗户，眼神在所有肢体语言中是表意最丰富最明确的。根据表情达意的需要，恰当地运用眼神，可以更准确更充分地传递信息表达情感。不同的眼神有不同的含义，表达不同的情感。中国有句古语：定睛则有，转睛则无。谈话中正视对方可以表现说话者对对方的尊重以及对自己谈话内容的充分自信。而谈话过程中目光游离，不敢正视对方，或者目光稍一接触即匆忙躲闪，则让人感觉谈话者内心不够坦诚，或对自己所说内容不够自信。

教师在实际组织教学的过程中，经常用到的几种目光类型有：

正视，表现庄重、诚恳或不容置疑。

环视，充分与学生交流，照顾整体课堂。

点视，突出对某个角落或某个学生个体的关照。有时点视也具有强烈的暗示性，效果类似于点名。

俯视，主要用来表现对个体学生的关心，深度的俯视（弯下身体，接近学生）可以使学生产生信赖感和安全感，更有利于沟通感情、拉近与学生心灵的距离。

教师在教育教学过程中偶尔还会用到虚视，虚视主要用来放松心情，平稳情绪，有时也有缓解疲劳的作用。

无论是正视、环视还是点视、俯视，只要运用合理都可以让眼睛帮助我们更充分地表情达意，但眼神的运用有一个共同的前提，那就是作为教师应该有一双炯炯有神的眼睛。教师的目光要时时保持神采，就要充分注意用眼健康，保护眼睛。

讲课时，教师要尽量扩大视角，把全体授课对象都置于自己的视野范围，不留死角。同时在全面观照的前提下，还应有重点的观照，重点观照对象随授课内容、学生状态以及学生接受程度应有所变化。交替使用正视、环视、点视、俯视等视角，使学生感觉到人人被老师关心，时时被老师关注。

**3. 肢体动作**

肢体动作主要指躯干和四肢的动作，主要是坐、立、行、走等动作。有时也包括颈部动作。

对教师的肢体动作的要求，不可比照服务行业。服务行业以顾客为上帝，所有礼仪要求都以顾客观感享受为出发点。而教师的职责是教书育人，不是为了给学生以观感享受。因此，教师的肢体动作本身不应该有任何统一的标准或规范，譬如一个教师，无论是来去如风还是姗姗而行都无可厚非，这是教师自己的性格特点决定的，没有对错优劣可言。只要动作和谐、自然、适度，合乎自身地位、角色即可。在这里仅就几种不适合出现在课堂或其他教育教学场所的具有消极暗示作用的肢体动作做简单提示。

（1）抱胸。

实际上，肢体语言是镶嵌在我们基因中的能力，是人类经过千百年进化沉淀在血脉中的本能。我们的肢体动作，尤其是无意识的肢体动作与我们祖先的生活和战斗经验紧密相连。远古时代，人类祖先为生存而不断战斗，抱胸实际上是一种自我防卫的动作，双臂弯曲叠于胸前，防止身体最为重要的脏器，如心脏、肝脏、肺部等受到直接打击。

因此，双手抱胸的动作给人一种拒绝沟通、不易接近的心理暗示。

（2）背手。

背手与抱胸恰好相反，从身体形态上来看，把双手背到背后，完全暴露要害脏器于人前，给人一种肆无忌惮的感觉，有蔑视、傲慢的意味。

（3）叉腰。

叉腰是一种具有威慑意味的动作，叉腰使人整体看起来更高大、更魁梧。实际上这是进攻的预备状态。正如猫科动物战斗之前要耸起背上的鬃毛以示强大，从而吓跑对手一样。因而这是一种非常不友好的表示。

**（三）空间语言，包括距离以及相互之间的位置关系**

空间语言是人类利用空间来表达某种思想、传递某种信息的一种方式。一般来说人际关系的亲疏决定双方空间距离的远近。反过来也成立：空间距离的远近体现出心理距离的亲疏。通俗地说，关系越是亲密，越能容忍对方靠近。

1963 年美国人类学家霍尔在《近体行为的符号体系》一文中提出了"近体学"的概念，认为人们在沟通时互动双方的空间由近及远可以分为四个区域：

亲密区域（0～45 厘米），又称为亲密空间。其语义为"亲切、热烈、亲密"，在这个距离内可以感受到对方的体热和气味，沟通更多依赖触摸觉。在通常情况下，只允许父母、夫妻、情侣或孩子进入这一范围。其中 0 ~ 15 厘米为近位亲密距离，常用于恋人和夫妻之间，表达亲密无间的感情色彩；16 ~ 45 厘米为远位亲密距离，是父母与子女、兄弟、姐妹间的交往距离。

个人区域（46 ~ 120 厘米），又称为身体区域，其语义为"亲切、友好"。这种距离是朋友之间沟通的适当距离，如鸡尾酒会、友谊聚会或派对中的距离。其中 46 ~ 75 厘米为近位个人区域，在这一区域人们可以保持正常视觉沟通，又可以相互握手。陌生人进入这个距离会构成对别人的侵犯；76 ~ 120 厘米为远位个人区域，熟人和陌生人都可以进去这一区域。

社交区域（120 ~ 360 厘米），其语义为"严肃、庄重"。这种距离的沟通不带有任何个人情感色彩，用于正式的社交场合，如同陌生人交往、官员会谈、贸易谈判等。在这个距离内沟通需要提高谈话的音量，需要更充分的目光接触。如政府官员向下属传达指示、单位领导接待来访者等，都往往处于这一距离范围内，适合于社交活动和办公环境中处理业务等，210 ~ 360 厘米为远位社交区域，适合于比较正式、庄重、严肃的社交活动，如谈判、会见客人、工作招聘时的面谈等。

公共区域（360 厘米以上），又称为大众界域，其语义为"自由、开放"。这是人们在较大的公共场所保持的距离，是一切人都可以自由出入的空间距离，常出现于大型报告会、演讲会、迎接旅客、小型活动等场合。

# 二、应注意的几个问题

作为语言另一种形式的态势语言，在朗诵、讲故事、演讲和平时的交谈中都是不可缺少的因素，是口语交际活动的辅助手段，是通过体态、手势、表情、眼神等传递信息的一种辅助形式。朗诵、讲故事和演讲中的态势语又与平时谈话中的态势语存在着很大不同。平时谈话中的态势语具有很强的随意性，甚至有人还存在一些小毛病。而朗诵讲故事演讲中的态势语具有很强的艺术性，如果时间允许，应该是经过事先设计的。应用原则是"台下刻意训练，台上顺其自然"。

设计态势语时应注意以下几点：

（1）要注意运用态势语言的适当性，不要贪多，贪多则滥，给人以手舞足蹈不够庄重之感。也不能太单一，否则给人单调、重复甚至死板之感，要注意适当大胆，不要畏缩，要敢于运用，善于运用，这样在台上的表现才会大方自然。

（2）必须为内容服务，内容是灵魂，态势语是手段之一。

（3）不要把态势语局限于手势，要注意体态、表情，尤其注意眼睛。

（4）动作要自然，是表演但不能有表演痕迹，不能舞蹈化、体操化。

态势语犹如菜中食盐，少则无味，多则太咸。正合适时反倒让人忘记它的存在，而它就是在这种不知不觉中为内容服务的。

练习：给下面的句子设计相应的手势。

（1）太阳升起来了，它光芒四射，普照人间。

太阳落下去了，暮色笼罩了大地。

（2）什么是爱国？爱国就是付出，爱国就是奉献。爱国就是时时刻刻把祖国放在心里。

一个人不爱他的父母不爱他的亲人，还谈什么爱祖国，爱人民？

（3）老李，真是个好样的！

老李，这样下去可不行啊！

（4）中国人民是无所畏惧的，就是天塌下来，我们也顶得起。

（5）这种损人利己的行为，我们是坚决反对的。

（6）她轻轻地躺倒在草地上，仰望着蓝蓝的天空。

（7）伸出我们的双手吧，拿出我们的智慧吧，献出我们青春的热血吧，我们是中华儿女，我们要做中华的脊梁！

练习：朗读下列文段，给出恰当的表情。

（1）漓江的水真静啊，静得让你感觉不到它在流动；漓江的水真清啊，清得可以看见江底的沙石；漓江的水真绿啊，绿得仿佛那是一块无瑕的翡翠。船桨激起的微波扩散出一道道水纹，才让你感觉到船在前进，岸在后移。

（2）我攀登过峰峦雄伟的泰山，游览过红叶似火的香山，却从没看见过桂林这一带的山，桂林的山真奇啊，一座座拔地而起，各不相连，像老人，像巨象，像骆驼，奇峰罗列，形态万千；桂林的山真秀啊，像翠绿的屏障，像新生的竹笋，色彩明丽，倒映水中；桂林的山真险啊，危峰兀立，怪石嶙峋，好像一不小心就会栽倒下来。

# 第五章

# 朗　诵

## 一、应知内容

### （一）什么是朗诵

诵，读书出声叫做诵；朗，声音清晰、响亮。朗诵，就是用清晰、响亮的声音诵读诗文。同时，要结合多种语言手段充分表达作品思想感情。朗诵是一种语言艺术，是对文学作品的再创作。借助朗诵可以加深对作品的理解，提高阅读水平，增强艺术鉴赏能力。

### （二）朗读和朗诵的区别

朗读作为一项从教的基本功越来越受到大家的重视。提起朗读，不少人不由得要联想到文学朗诵，甚至将二者混为一谈，因而产生畏难情绪。我们有必要从目的和要求上把它们分清楚。

朗读和朗诵区别很多，主要有以下几方面：

（1）朗读是一项基本功，要求语言工作者，尤其是语文教师必须具备。而朗诵是一门语言艺术，不要求也不该要求人人都必须掌握。

（2）朗读要求完全尊重原著，不能丢字、多字、重复。朗诵可以二度创作，在不改变原著主旨的基础上，可以删减、修改、重复。

（3）朗读不要求脱稿。没有特殊情况，朗诵最好要脱稿表演。

（4）朗读表情达意几乎完全依靠字音组成的词、句、段等，不需要借助态势语。朗诵，则把这些元素，作为副语言处理，它们是表情达意的重要手段，需要大量使用态势语。

朗读和朗诵的目的、要求不同，但又可以说是"异曲同工"的，在表现的技术方面，两者存在着不少近似的地方。

# 二、应会内容

## （一）古诗词朗诵

格律诗是包括五言和七言的律诗与绝句。其特点是：每首诗句数相同，句中字数相同，讲究对仗、平仄、押韵。因为有这样的特点，所以朗诵时会有共同的规律可循。

### 1. 正确划分音步

音步是指一句诗中运用停顿等方法划分出来的段落。音步使格律诗读起来更加抑扬顿挫。

以五言诗为例。一般情况下，我们习惯把五言诗每句划分为三个音步，即"二二一"或"二一二"。比如：

**静夜思**

床前｜明月｜光，

疑是｜地上｜霜。

举头｜望｜明月，

低头｜思｜故乡。

上面的音步划分方式，主要是依据诗的语义，这样划分更适合我们理解诗的意义。但有些诗，单纯依据语义划分，会出现一个问题，即音步划分之后，适合理解但不适合朗诵。比如：

**秋浦歌**

白发｜三千｜丈，

缘愁｜似｜个长。

不知｜明镜｜里，

何处｜得｜秋霜。

如果按此音步朗读或朗诵的话，会使整首诗显得支离破碎，节奏混乱，缺乏整体感。因此，在朗读或朗诵中，我们常用另外一种音步处理方式：一顿两步，把每句诗划分为"二三"结构：

**静夜思**

床前｜明月光，

疑是｜地上霜。

举头｜望明月，

低头｜思故乡。

### 秋浦歌

白发｜三千丈，
缘愁｜似个长。
不知｜明镜里，
何处｜得秋霜。

这样，整首诗读起来自然流畅，节奏和谐，整体感强，效果会更好一些。七言诗的音步划分与五言类似。朗读或朗诵时，每句诗划分为三音步，即"二二三"。如：

### 题西林壁

横看｜成岭｜侧成峰，
远近｜高低｜各不同。
不识｜庐山｜真面目，
只缘｜身在｜此山中。

### 望庐山瀑布

日照｜香炉｜生紫烟，
遥看｜瀑布｜挂前川。
飞流｜直下｜三千尺，
疑是｜银河｜落九天。

当然，格律诗的音步划分只是给我们提供了一种格式意义的停顿方法，我们对音步的态度应该灵活，尊重但不拘泥。比如，《望庐山瀑布》第三句："飞流直下三千尺"，按音步规律应该读为：飞流｜直下｜三千尺。但为了突出庐山瀑布直挂云端、飞流直下的雄浑气势，"飞流"与"直下"之间的音步完全可以忽略，而直接处理成：飞流直下｜三千尺，这样可以使朗诵效果形象更突出，气势更恢宏，效果也好于"二二三"格式的处理方法。

**2. 精准押住韵脚**

押韵是诗歌尤其是古典诗歌的标志性特点。对于这种押韵的作品，朗诵时韵脚的处理非常重要。对于诗歌的韵脚，我们一般情况下要予以强调，即处理成重音。处理成重音的方法主要是加重或延长。但是，韵脚重音如果与诗句的逻辑重音或感情重音同时出现并且不相重合，那么，韵脚应该让位于感情或逻辑重音。比如：

### 山　行

远上寒山石径斜，
白云生处有人家。
停车坐爱枫林晚，
霜叶红于二月花。

《山行》诗各句没有出现明显的逻辑重音或感情重音。直接重读韵脚即可。而下面这首诗，则有所不同：

### 早发白帝城

朝辞白帝彩云间，
千里江陵一日还。
两岸猿声啼不住，
轻舟已过万重山。

《早发白帝城》韵脚：间、还、山。最后一句"轻舟已过万重山"韵脚为山，但为了契合诗意，突出轻舟之速，重音应在"万"上，才更合作者心境。所以韵脚"山"就只能处理成次重音，高于其他但要低于"万"字。

## （二）现代诗歌朗诵

本处现代诗歌特指与格律诗相对的现代自由体诗。它不受平仄、押韵、字数限制，朗诵现代诗歌时，尤其要注意情感的抒发。

要朗诵好一首现代诗歌一般要有以下几个步骤或环节。

### 1. 熟悉作品，确定情感基调

熟悉要朗诵的作品是一切朗诵的前提和基础。在朗诵之前，首先要了解与作品相关的一系列知识，包括作者的出身、经历、思想倾向，以及作者创作这篇作品时的生活状况、心理状态，等等，从而把握作品内涵，以确定朗诵基调。比如：

### 面朝大海，春暖花开
海 子

从明天起，做一个幸福的人
喂马、劈柴，周游世界
从明天起，关心粮食和蔬菜
我有一所房子，面朝大海，春暖花开

从明天起，和每一个亲人通信
告诉他们我的幸福
那幸福的闪电告诉我的
我将告诉每一个人

给每一条河每一座山取一个温暖的名字
陌生人，我也为你祝福
愿你有一个灿烂的前程

愿你有情人终成眷属

愿你在尘世获得幸福

我只愿面朝大海，春暖花开

这首诗，诗题中出现了"大海""春""花"等词汇，作品中也反复出现诸如"大海""春""花""周游世界""幸福""有情人"等积极词汇。这很容易让我们对这首诗的理解产生偏差，认为这是一首欢快愉悦积极向上的诗篇，从而以一种欢快愉悦甚至昂扬的语调去处理这一作品。但我们如果深入了解一下这首诗的作者以及创作背景，就会发现这首诗完全不是这样：这首诗写于1989年1月13日，两个多月后，即1989年3月，诗人在山海关卧轨自杀。作者是属于"黑夜给了我黑色的眼睛，我却用它寻找光明"的"一代人"，亲身经历了从20世纪六七十年代扼杀物欲、只讲精神，到80年代末期的摒弃精神、物欲横流的社会转型过程。面对现实，作为理想主义者，作者困惑了，希望破灭了，觉得不能"诗意地栖居于世"了。同别人盲目沉醉于物质生活享受的幸福感比较起来，他更多地感到来自内心分裂矛盾的痛苦。这篇诗歌便是他人生痛苦体验的结晶。（苇岸：《怀念海子》）诗人一直生活在"诗"与"现实"的撕扯之中，生活在"今天"与"明天"的纠结之中。作者选择卧轨自杀，实际上我们可以理解为作者最终在"诗"与"现实"的纠结中选择了"诗"，从而与现实决裂。这首诗中充满的是作者做出最后选择之后的平静与安详，没有任何欢快愉悦的情绪。

**2. 划分层次，安排语速停连**

现代诗有单节的也有多节的。无论单节还是多节诗歌朗诵时都需要划分层次，目的是使诗歌语义更加清晰，结构更加鲜明，同时也更有利于朗诵时停连的处理。如：

### 再别康桥

徐志摩

轻轻的我走了，

正如我轻轻的来；

我轻轻的招手，

作别西天的云彩。‖

那河畔的金柳，

是夕阳中的新娘；

波光里的艳影，

在我的心头荡漾。

软泥上的青荇，

油油的在水底招摇；

在康河的柔波里，

我甘心做一条水草！

那榆荫下的一潭，
不是清泉，
是天上虹；
揉碎在浮藻间，
沉淀着彩虹似的梦。｜

寻梦？撑一支长篙，
向青草更青处漫溯；
满载一船星辉，
在星辉斑斓里放歌。｜

但我不能放歌，
悄悄是别离的笙箫；
夏虫也为我沉默，
沉默是今晚的康桥！‖

悄悄的我走了，
正如我悄悄的来；
我挥一挥衣袖，
不带走一片云彩。

这首诗共有七小节，朗诵时可以划分为三个部分：第一节和最后一节句式相同，语言相似，各单独成为一部分；第二至第六节为一部分。第二至第六节还可以根据诗意再次划分为三个小段落。朗诵时同一层次内部语气、语调、音色等略同。层与层之间则应有较明显区别，以示语义转换。

另外，一般情况下层与层之间停顿较长，而层内部语句之间停顿较短。

**3. 运用技巧，处理细节**

在熟读的基础上，参照前文讲述的朗读技巧，将整篇文章断章分解，条分缕析，分析字义句意，处理语气语调，并最终合成完整连贯的有声作品。（参见第三章"朗读技巧"）

**（三）散文朗诵**

散文大体上有三类：抒情散文、叙事散文和状物写景散文。散文语言优美凝练，结构紧凑，意境深远，大多数具有较强的抒情特征。一般情况下，抒情散文是比较适合朗读或朗诵的。而叙事或状物写景的散文在朗读或朗诵过程中则要深入斟酌，读出事、景背后蕴含的"情"。

**1. 理解文意，确定基调**

拿到一篇散文，首先要通读全文，确定主题。主题是一篇散文的灵魂，我们经常说散文"形散神聚"，所谓形散指的是散文题材广泛、结构灵活，选材不拘一格，古今中外、社会自然、人、事、景、物等皆可为散文所用。所谓神聚，指的是无论散文所写材料如何宽泛、材料与材料之间跨度如何大，其所服务的主题是相同的、唯一的。这个主题就是"神"。确定主题，充分理解作者在这篇文章里倾注的感情、表达的思想，是正确朗诵散文的前提和基础。在此基础上确定朗诵的感情基调，处理具体段落语句，进而充分、完美地表达作者所要表达的情感和思想。

**2. 设想情景，酝酿感情**

抒情性是散文的重要特征。散文，无论是写景、叙事还是状物最终的目的都在抒情。朗诵散文，最重要的是揣摩作者所要抒发的情感，通过有声语言把作者的情感完整准确地表达出来。准确表达的前提是充分理解作者，理解作者写作时的心境、感受。设想情景是理解作者心境的非常有效的手段，可以把自己心绪融入作者写作时的情境中去，见作者所见、闻作者所闻、想作者所想，进而感作者所感，酝酿与作者相近的情感。例如：

匆　匆

燕子去了，有再来的时候；杨柳枯了，有再青的时候；桃花谢了，有再开的时候。但是，聪明的，你告诉我，我们的日子为什么一去不复返呢？——是有人偷了他们罢：那是谁？又藏在何处呢？是他们自己逃走了罢：现在又到了哪里呢？

朗诵时，我们就可以想象这样一种情景：一个中年人（作者写作这篇文章时并未中年，但整篇文章透漏出作者心理年龄恰如中年）站在一个略显萧瑟的院落里，院墙倾颓，窗棂破败。适逢深秋季节，院外杨柳枝枯，院内形单影只，地上青苔点点，空中孤雁南飞。中年人环视四周，开始低声自语：唉，燕子去了，有再来的时候；杨柳枯了，有再青的时候；桃花谢了，有再开的时候。但是，聪明的，你告诉我，我们的日子为什么一去不复返呢？……

这种设想情景的方法，可以迅速地沟通朗诵者与写作者的情感，让朗诵者很快融入情景、酝酿感情。

**3. 运用技巧，处理细节**

在熟读的基础上，参照前文讲述的朗诵技巧，将整篇文章断章分解，条分缕析，分析字义句意，处理语气语调，并最终合成完整连贯的有声作品。（参见"第三章朗读技巧"）

# 三、训练内容

雪花的快乐
徐志摩

**背景介绍：**这首诗写于 1924 年 12 月 30 日，发表于 1925 年 1 月 17 日《现代评论》第一卷第 6 期。诗中作者把爱情作了升华，既有对爱情本身的追求又有对现实社会的些许无奈，包含着反封建伦理道德、要求个体解放的积极因素。全诗热烈清新，真挚自然，真切地表达了诗人对一切美好事物的执着追求。

**朗诵提示**：欢快轻松的基调中又饱含坚定执着的信念，平静潇洒又热情洋溢。

**标注释意**：△停顿，顿而不断，声断气连。

　　　　　　Ⅴ停顿，断开。

　　　　　　▼▼较长停顿。

　　　　　　.... 重音。

　　　　　　↗ 语调上升。

　　　　　　↘ 语调下降。

假如△我是一朵雪花，

翩翩的△在半空里潇洒，　　（语调平缓，轻松自由，略带笑意。）

我一定△认清我的方向　　（口气坚定）

飞扬，飞扬，↗飞扬↗　　（语调渐次上扬）

这地面上△有我的方向。　　（口气坚定）

不去那△冷寞的幽谷，　　（"不去那"连续出现，处理方式要有差异）

不去△那凄清的山麓，

也不上荒街去惆怅，

飞扬，飞扬，↗飞扬↗　　（此三个"飞扬"可以处理成中间高两端低的形式，以呼应下句）

你看，我△有我的方向！

在半空里娟娟地飞舞，

认明了△那清幽的住处，

等着她来花园里探望　　（急切期盼的语气）

飞扬，飞扬，飞扬　　（语调渐次上扬，但相对上个"飞扬"句，整体语调要略低）

啊，她身上有朱砂梅的清香！↗　　（"啊"处理成虚声，整体语调上扬）

那时我凭借我的身轻，

盈盈地，沾住了她的衣襟，

贴近她柔波似的心胸。　　（"柔波"语气温柔，沉醉其中）

消融，消融，↘消融↘　　（语气下沉，三个"消融"渐次下沉）

溶入了她柔波似的心胸。

## 桂林山水

陈　淼

**朗诵提示**：《桂林山水》是一篇优美的写景散文，作者写水的静、清、绿，写山的奇、秀、险，写空中云雾迷蒙，写山间绿树红花，写江上竹筏小舟，为我们描摹了一幅美丽的山水画卷。朗诵《桂林山水》要身临其境，眼中有文，心中有景，语中带情。语气宜轻快，使人仿佛置身山水之间。

人们都说："桂林山水甲天下。"我们△乘着木船，荡舟漓江，来观赏△桂林的山水。

我看见过△波澜壮阔的大海，玩赏过△水平如静的西湖，却从没看见过△漓江这样的水。▲漓江的水真静啊，＼静得让你感觉不到它在流动；漓江的水真清啊，＼清得可以看见江底的沙石；↗漓江的水真绿啊，＼绿得仿佛那是一块无瑕的翡翠。▲船桨激起的微波△扩散出一道道水纹，才让你感觉到船△在前进，岸△在后移。

我攀登过△峰峦雄伟的泰山，游览过红叶似火的香山，却从没看见过桂林这一带的山。▲桂林的山真奇啊，＼一座座拔地而起，各不相连，像老人，像巨象，像骆驼，奇峰罗列，形态万千；桂林的山真秀啊，＼像翠绿的屏障，像新生的竹笋，色彩明丽，倒映水中；桂林的山真险啊，危峰兀立，怪石嶙峋，好像一不小心就会栽倒下来。

这样的山围绕着这样的水，这样的水倒映着这样的山，再加上空中云雾迷蒙，山间绿树红花，江上竹筏小舟，让你感到像是走进了连绵不断的画卷，真是△"舟行碧波上，人在画中游"。

### ✎ 训练材料一　古典诗词

#### 春夜喜雨
##### 杜　甫

好雨知时节，当春乃发生。
随风潜入夜，润物细无声。
野径云俱黑，江船火独明。
晓看红湿处，花重锦官城。

#### 登　高
##### 杜　甫

风急天高猿啸哀，渚清沙白鸟飞回。
无边落木萧萧下，不尽长江滚滚来。
万里悲秋常作客，百年多病独登台。
艰难苦恨繁霜鬓，潦倒新停浊酒杯。

#### 闻官军收河南河北
##### 杜　甫

剑外忽传收蓟北，初闻涕泪满衣裳。
却看妻子愁何在，漫卷诗书喜欲狂。

白日放歌须纵酒，青春作伴好还乡。
即从巴峡穿巫峡，便下襄阳向洛阳。

## 兵车行
### 杜 甫

车辚辚，马萧萧，行人弓箭各在腰。爷娘妻子走相送，尘埃不见咸阳桥。牵衣顿足拦道哭，哭声直上干云霄。道旁过者问行人，行人但云点行频。或从十五北防河，便至四十西营田。去时里正与裹头，归来头白还戍边。边庭流血成海水，武皇开边意未已。君不闻汉家山东二百州，千村万落生荆杞。纵有健妇把锄犁，禾生陇亩无东西。况复秦兵耐苦战，被驱不异犬与鸡。长者虽有问，役夫敢申恨？且如今年冬，未休关西卒。县官急索租，租税从何出？信知生男恶，反是生女好。生女犹得嫁比邻，生男埋没随百草。君不见，青海头，古来白骨无人收。新鬼烦冤旧鬼哭，天阴雨湿声啾啾！

## 蜀道难
### 李 白

噫吁嚱，危乎高哉！蜀道之难，难于上青天！蚕丛及鱼凫，开国何茫然！尔来四万八千岁，不与秦塞通人烟。西当太白有鸟道，可以横绝峨眉巅。地崩山摧壮士死，然后天梯石栈相钩连。上有六龙回日之高标，下有冲波逆折之回川。黄鹤之飞尚不得过，猿猱欲度愁攀援。青泥何盘盘，百步九折萦岩峦。扪参历井仰胁息，以手抚膺坐长叹。

问君西游何时还？畏途巉岩不可攀。但见悲鸟号古木，雄飞雌从绕林间。又闻子规啼夜月，愁空山。蜀道之难，难于上青天，使人听此凋朱颜！连峰去天不盈尺，枯松倒挂倚绝壁。飞湍瀑流争喧豗，砯崖转石万壑雷。其险也如此，嗟尔远道之人胡为乎来哉！

剑阁峥嵘而崔嵬，一夫当关，万夫莫开。所守或匪亲，化为狼与豺。朝避猛虎，夕避长蛇；磨牙吮血，杀人如麻。锦城虽云乐，不如早还家。蜀道之难，难于上青天，侧身西望长咨嗟！

## 将进酒
### 李 白

君不见，黄河之水天上来，奔流到海不复回。君不见，高堂明镜悲白发，朝如青丝暮成雪。人生得意须尽欢，莫使金樽空对月。天生我材必有用，千金散尽还复来。烹羊宰牛且为乐，会须一饮三百杯。岑夫子，丹丘生，将进酒，杯莫停。与君歌一曲，请君为我侧耳听，钟鼓馔玉不足贵，但愿长醉不复醒。古来圣贤皆寂寞，惟有饮者留其名。陈王昔时宴平乐，斗酒十千恣欢谑。主人何为言少钱，径须沽取对君酌。五花马，千金裘，呼儿将出换美酒，与尔同销万古愁。

### 雨霖铃·寒蝉凄切
#### 柳永

寒蝉凄切，对长亭晚，骤雨初歇。都门帐饮无绪，留恋处，兰舟催发。执手相看泪眼，竟无语凝噎。念去去，千里烟波，暮霭沉沉楚天阔。

多情自古伤离别，更那堪，冷落清秋节！今宵酒醒何处？杨柳岸，晓风残月。此去经年，应是良辰好景虚设。便纵有千种风情，更与何人说？

### 水调歌头·明月几时有
#### 苏轼

丙辰中秋，欢饮达旦，大醉，作此篇，兼怀子由。

明月几时有？把酒问青天。不知天上宫阙，今夕是何年。我欲乘风归去，又恐琼楼玉宇，高处不胜寒。起舞弄清影，何似在人间？

转朱阁，低绮户，照无眠。不应有恨，何事长向别时圆？人有悲欢离合，月有阴晴圆缺，此事古难全。但愿人长久，千里共婵娟。

### 念奴娇·赤壁怀古
#### 苏轼

大江东去，浪淘尽，千古风流人物。故垒西边，人道是，三国周郎赤壁。乱石穿空，惊涛拍岸，卷起千堆雪。江山如画，一时多少豪杰。

遥想公瑾当年，小乔初嫁了，雄姿英发。羽扇纶巾，谈笑间，樯橹灰飞烟灭。故国神游，多情应笑我，早生华发。人生如梦，一尊还酹江月。

### 江城子·密州出猎
#### 苏轼

老夫聊发少年狂，左牵黄，右擎苍，锦帽貂裘，千骑卷平冈。为报倾城随太守，亲射虎，看孙郎。

酒酣胸胆尚开张，鬓微霜，又何妨？持节云中，何日遣冯唐？会挽雕弓如满月，西北望，射天狼。

### 江城子·乙卯正月二十日夜记梦
#### 苏轼

十年生死两茫茫，不思量，自难忘。千里孤坟，无处话凄凉。纵使相逢应不识，尘满面，鬓如霜。

夜来幽梦忽还乡，小轩窗，正梳妆。相顾无言，惟有泪千行。料得年年肠断处，明月夜，短松冈。

## 满江红
### 岳飞

怒发冲冠，凭栏处，潇潇雨歇。抬望眼，仰天长啸，壮怀激烈。三十功名尘与土，八千里路云和月。莫等闲，白了少年头，空悲切。

靖康耻，犹未雪；臣子恨，何时灭！驾长车，踏破贺兰山缺。壮志饥餐胡虏肉，笑谈渴饮匈奴血。待从头，收拾旧河山，朝天阙。

### ◈ 训练材料二　现代诗歌

## 我爱这土地
### 艾青

假如我是一只鸟，
我也应该用嘶哑的喉咙歌唱：
这被暴风雨所打击着的土地，
这永远汹涌着我们的悲愤的河流，
这无止息地吹刮着的激怒的风，
和那来自林间的无比温柔的黎明……
——然后我死了，
连羽毛也腐烂在土地里面。
为什么我的眼里常含泪水？
因为我对这土地爱得深沉……

## 相信未来
### 食指

当蜘蛛网无情地查封了我的炉台，
当灰烬的余烟叹息着贫困的悲哀。
我依然固执地铺平失望的灰烬，
用美丽的雪花写下：相信未来。
当我的紫葡萄化为深秋的露水，
当我的鲜花依偎在别人的情怀。
我依然固执地用凝霜的枯藤，
在凄凉的大地上写下：相信未来！

我要用手指那涌向天边的排浪，
我要用手掌那托住太阳的大海。
摇曳着曙光那支温暖漂亮的笔杆，
用孩子的笔体写下：相信未来！
我之所以坚定地相信未来，
是我相信未来人们的眼睛。
她有拨开历史风尘的睫毛，
她有看透岁月篇章的瞳孔。
不管人们对于我们腐烂的皮肉，
那些迷途的惆怅、失败的苦痛
是寄予感动的热泪、深切的同情，
还是给以轻蔑的微笑、辛辣的嘲讽。
我坚信人们对于我们的脊骨，
那无数次的探索、迷途、失败和成功，
一定会给予热情、客观、公正的评定。
是的，我焦急地等待着他们的评定。
朋友，坚定地相信未来吧，
相信不屈不挠的努力，
相信战胜死亡的年轻，
相信未来，热爱生命。

## 乡 愁

余光中

小时候，
乡愁是一枚小小的邮票。
我在这头，
母亲在那头。
长大后，
乡愁是一张窄窄的船票。
我在这头，
新娘在那头。
后来啊，
乡愁是一方矮矮的坟墓。
我在外头，
母亲在里头。

而现在，
乡愁是一湾浅浅的海峡。
我在这头，
大陆在那头。

## 致橡树

舒 婷

我如果爱你
绝不像攀援的凌霄花，
借你的高枝炫耀自己；
我如果爱你
绝不学痴情的鸟儿，
为绿荫重复单调的歌曲；
也不止像泉源，
常年送来清凉的慰藉；
也不止像险峰，
增加你的高度，衬托你的威仪。
甚至日光，
甚至春雨。
不，这些都还不够！
我必须是你近旁的一株木棉，
作为树的形象和你站在一起。
根，紧握在地下；
叶，相触在云里。
每一阵风过，
我们都互相致意，
但没有人，
听懂我们的言语。
你有你的铜枝铁干，
像刀，像剑，也像戟；
我有我红硕的花朵，
像沉重的叹息，
又像英勇的火炬。
我们分担寒潮、风雷、霹雳；
我们共享雾霭、流岚、虹霓。

仿佛永远分离，
却又终身相依。
这才是伟大的爱情，
坚贞就在这里：
爱——
不仅爱你伟岸的身躯，
　也爱你坚持的位置，
　足下的土地。

## 一棵开花的树
### 席慕蓉

如何让你遇见我，
在我最美丽的时刻。
为这，
我已在佛前求了五百年。
求他让我们结一段尘缘。
佛于是把我化作一棵树，
长在你必经的路旁。
阳光下慎重地开满了花，
朵朵都是我前世的盼望。
当你走近　请你细听：
那颤抖的叶是我等待的热情！
而你终于无视地走过，
在你身后落了一地的，
朋友啊！那不是花瓣，
是我凋零的心。

## 山的那边
### 王家新

小时候，我常伏在窗口痴想——
山那边是什么呢？
妈妈给我说过：海。
哦，山那边是海吗？
于是，怀着一种隐秘的想望，
有一天我终于爬上了那个山顶。
可是，我却几乎是哭着回来了——

在山的那边，依然是山。
山那边的山啊，铁青着脸，
给我的幻想打了一个零分！
妈妈，那个海呢？
在山的那边，是海！
是用信念凝成的海！
今天啊，我竟没想到，
一颗从小飘来的种子，
却在我的心中扎下了深根。
是的，我曾一次又一次地失望过，
当我爬上那一座座诱惑着我的山顶。
但我又一次次鼓起信心向前走去，
因为我听到海依然在远方为我喧腾——
那雪白的海潮啊，夜夜奔来。
一次次浸湿了我枯干的心灵……
在山的那边，是海吗？
是的！
人们啊，请相信——
在不停地翻过无数座山后，
在一次次地战胜失望之后，
你终会攀上这样一座山顶。
而在这座山的那边，就是海呀！
是一个全新的世界，
在一瞬间照亮你的眼睛……

## 饮九月初九的酒

潘洗尘

千里之外，九月初九的炊烟，
是一缕绵绵的乡愁，
挥也挥不去，载也载不动。
我看见儿时的土炕，和半个世纪的谣曲，
还挂在母亲干瘪的嘴角。
摇也摇不动的摇篮，摇我睡去，
摇我醒来。
我一千次一万次的凝视，

母亲，你的眉头深锁是生我时的喜，
你的眉头深锁是生我时的忧。

千里之外，九月初九的炊烟，
是一群不归的候鸟，
栖在满地枯叶的枝头。
我看见遍野的金黄，和半个世纪的老茧，
都凝在父亲的手上。
三十年了总是在长子的生日，
饮一杯朴素的期待。
九月初九的酒，入九月初九老父的愁肠
愁，愁老父破碎的月光满怀。
愁，愁老母零乱的白发满头。

饮九月初九的酒，
饮一缕绵绵的乡愁，
饮一轮明明灭灭的新月。

圆也中秋，
缺也中秋。

## 一月的哀思（节选）

李 瑛

敬爱的周总理，
我不能到医院去瞻仰你，
只好攥一张冰冷的报纸，
静静地
伫立在长安街的暮色里。
任一月的风，
撩起我的头发；
任傍晚的天光，
照着冰冷的泪滴。
等待着，等待着，
载着你的遗体的灵车，
辗过我们的心；

等待着，等待着，
把一个前线战士的崇敬，
献给你。
呵，汽车，扎起白花，
人们，黑纱缠臂。
广场——如此肃穆，
长街——如此沉寂。
残阳如血呵，
映着天安门前——
低垂的冬云，
半落的红旗……

车队像一条河，
缓缓地流在深冬的风里……

为什么有人，
不许我们缅怀你伟大的一
生？
为什么有人，
不许我们赞颂你不朽的业
绩？
但此刻，
长街静穆，万民伫立，
一颗心——一片翻腾的大海，
一双眼——一道冲决的大堤。
多少人喊着你，
扑向灵车；
多少人跑向你，
献上花束；
多少人想牵动你的衣襟，
把你唤醒；
多少人想和你攀谈
知心的话题……

车队像一条河，

缓缓地流在深冬的风里……

历史呵，请记着——
一九七六年一月十一日，
在中国，在北京，
一辆车，
辗过一个峥嵘的世纪。
车上——躺着一个
中国共产党的优秀党员；
车上——躺着一个
伟大的无产阶级革命家；
车上——躺着一个
真正的生命；
车上——躺着一个
人民骄傲的儿子。
——一个为八亿人，
耗尽了最后一丝精力的
伟大的英雄；
——一个为三十亿人，
倾尽了最后一滴心血的
伟大的战士！

车队像一条河，
缓缓地流在深冬的风里……

呵，祖国——
茫茫暮霭中，
沉沉烟云里：
多少个家庭的
多少面窗子，
此刻，都一齐打开，
只为要献给你这深情的敬意。
农民们，伫立在田野上，
瞩望你；
工人们，肃立在机器旁，

呼唤你；
千万名战士持枪站在哨位上，
悼念你。
这就是我们庄严隆重的丧仪呵：
主会场——
九百六十（多）万平方公里的祖国，
分会场——
五大洲南北东西；
云水间，满眼翻飞的挽幛，
风雷中，满耳坚定的誓语。
江水沉凝，青山肃立，
万木俯首，星月不移……
你就这样
从你熟悉的长安街从容走过
像生前，从不愿惊动我们，
轻轻地从我们身边走去…

车队像一条河，
缓缓地流在深冬的风里……

总理，敬爱的周总理，
泪眼，看不清你的遗容，
却只见你胸前
没有绶带，没有勋章，
只有一枚
你戴了多年的像章，
像你一颗火热的心，
跳动，跳动，
永不停息。
——那是毛泽东同志的
光辉形象
——那是"为人民服务"
五个金灿灿的大字，
辉映着你心头那
闪光的镰刀和铁锤；

　　　　辉映着你身上那
　　　　穿过无数次疾风暴雨的红旗；
　　　　辉映着你头上那
　　　　一轮光芒四射的太阳，
　　　　照彻五洲，
　　　　照彻天宇……

### 祖国啊，我亲爱的祖国

舒　婷

我是你河边上破旧的老水车
千百年来纺着疲惫的歌
我是你额上熏黑的矿灯
照你在历史的隧洞里蜗行摸索
我是干瘪的稻穗，是失修的路基
是淤滩上的驳船
把纤绳深深
勒进你的肩膊
——祖国啊！

我是贫困我是悲哀
我是你祖祖辈辈痛苦的希望啊
是"飞天"袖间
千百年未落到地面的花朵
——祖国啊

我是你簇新的理想
刚从神话的蛛网里挣脱
我是你雪被下古莲的胚芽
我是你挂着眼泪的笑涡
我是新刷出的雪白的起跑线
是绯红的黎明正在喷薄
——祖国啊！

我是你十亿分之一
是你九百六十万平方的总和

你以伤痕累累的乳房
喂养了
迷惘的我、深思的我、沸腾的我
那就从我的血肉之躯上
去取得
你的富饶、你的荣光、你的自由
——祖国啊！
我亲爱的祖国！

## 我的南方和北方

赵凌云

（旁白）大兴安岭雪花还在飞舞，长江两岸柳枝已经发芽，海南岛上到处盛开着鲜花，我们的祖国多么广大！

自从认识了那条奔腾不息的大江，我就认识了我的南方和北方；

自从认识了那条奔腾不息的大江，我就认识了我的北方和南方。

我的南方和北方相距很近，近得可以隔岸相望；

我的北方和南方相距很远，远得无法用脚步丈量。

大雁南飞，用翅膀缩短着我的南方与北方；

燕子归来，衔着春泥表达着我的北方与南方。

我的南方，也是柳永和李煜的南方。一江春水滔滔东流，流去的是落花般美丽的往事和芬芳。梦醒时分，定格在杨柳岸晓风残月中的那种忧伤，也注定只能定格在南方才子佳人忧怨的面庞……

我的北方，也是李白和高适的北方。烽烟滚滚，战马挥缰。在胡天八月的飞雪中，骑马饮酒的北方将士，正开进着刀光剑影的战场，所有的胜利与失败，最后都化作了边关冷月下的一排排胡杨……

我曾经走过黄山、衡山、峨嵋、雁荡，寻找着我的南方，我的南方却在乌篷船、青石桥、油纸伞的深处隐藏。在秦淮河的灯影下，我凝视着我的南方；在寒山寺的钟声里，我倾听着我的南方；在富春江的柔波里，我拥抱着我的南方。我的南方啊！杏花春雨，小桥流水，莺飞草长。

我曾经走过天山、昆仑、长白、太行，寻找我的北方。我的北方却在黄土窑、窗花纸、蒙古包的深处隐藏。在飞沙走石的戈壁滩，我与我的北方并肩歌唱；在塞外飞雪的兴安岭，我与我的北方沉思凝望；在苍茫一片的山海关，我与我的北方相视坚强。我的北方啊！大漠孤烟，长河落日，唢呐嘹亮。

都说我的南方富饶，可那万亩稻田、千里水乡，是父辈们用汗水和泪珠浇灌，是改革者用勇气和智慧酝酿。不论是大名鼎鼎的鱼米之乡，还是深圳、温州、小港，闪亮的名字，其实是斧凿刀刻一般，拓印在爸爸妈妈的皱纹上！

都说我的北方贫穷，可是我分明听到了，听到了振兴老东北，开发大西北的战鼓隆隆作响；听到了那停产多年的老机床又开始欢快地歌唱；听到了劳动号子、安塞腰鼓响彻九曲黄河旁；听到了爸爸用粗糙的大手拂去汗珠后的步履铿锵……我知道，你醒了，我的北方！

从古到今，那条奔腾不息的大江就像一根琴弦，弹奏着几多兴亡，几多沧桑；从古到今，那条奔腾不息的大江就像一根琴弦，弹奏着几多兴亡，几多沧桑。

在东南风的琴音里，我的南方雨打芭蕉，荷香轻飘，婉约而又悠扬！

在西北风的琴音中，我的北方雪飘荒原，腰鼓震天，凝重而又张狂！

我的南方和北方，

我的北方和南方，

我的永远的故乡和天堂！

## 人民万岁
王怀让

你从韶山水田的黄色的阡陌上走来

你从安源煤矿的黑色的巷道里走来

你从湘乡的那棵垂挂过许多苦难的老槐树下走来

你从长沙的那口映照着许多血泪的清水塘畔走来

你走来，径直走上天安门城楼

向着创造历史的人民

用深沉的湖南口音高呼"人民万岁"

你从能够望到民族志气的上海望志路走来

你从可以看穿世纪烟雨的南湖烟雨楼走来

你从八百里井冈的很有特色的中国的秋收里走来

你从二万里长征的很有气魄的中国的长跑中走来

你走来，大步走上天安门城楼

向着改造历史的人民

用洪亮的湖南口音高呼"人民万岁"

你从万里雪飘的北国风光走来

你从顿失滔滔的大河上下走来

你从《史记》里的秦皇汉武的赫赫武功中走来

你从《资治通鉴》中的唐宗宋祖的熠熠文采里走来

你走来，很现实地走上天安门城楼

向着扭转乾坤的人民
用可以穿透乾坤的湖南口音高呼"人民万岁"

你从照耀人民智慧的《西江月》辉里很抒情地走来
你从奔腾人民力量的《满江红》浪里很激情地走来
你从《送瘟神》的浮想联翩的兴奋的韵脚中走来
你从《到韶山》的夜不成寐的振奋的平仄里走来
你走来，很浪漫地走上天安门城楼
向着叱咤风云的人民
用可以驾驭风云的湖南口音高呼"人民万岁"

你走上天安门城楼是为了高呼人民万岁
人民才用自己的身躯把天安门托得如此峨峨巍巍
你走上天安门城楼是为了高呼人民万岁
人民才用自己的血汗把天安门染得这样如描如绘
你走上天安门城楼是为了高呼人民万岁
主宰世界的人民才让你在世界上万古永垂
这就是你教给我们的哲学
呼"人民万岁"的人
呼"人民万岁"的人
他死了
他的思想却可以万岁、万万岁——人民万岁

## 我骄傲，我是中国人

王怀让

在无数蓝色的眼睛和棕色的眼睛之中，
我有一双宝石般的黑色的眼睛
我骄傲，我是中国人！
在无数白色的皮肤和黑色的皮肤之中，
我有着大地般的黄色的皮肤
我骄傲，我是中国人！

我是中国人
黄土高原是我挺起的胸脯
黄河流水是我沸腾的血型
长城是我扬起的手臂

泰山是我站立的脚跟
我骄傲，我是中国人哪！

我是中国人
是我的祖先最早走出了森林
是我的祖先最早开始了耕耘
我是指南针、印刷术的后裔
我是圆周率、地动仪的子孙
在我的民族中
不光有史册上万古不朽的孔夫子、司马迁、李自成、孙中山
还有那文学史上永远活着的花木兰、林黛玉、孙悟空、鲁智深
我骄傲，我是中国人

我是中国人
在我的国土上
不光有雷电轰不倒的长白雪山、黄山劲松
还有那风雨不灭的井冈传统和延安的精神
噢！我是中国人
我那黄河一样粗犷的声音
不光响彻在联合国的大厦里
大声发表着中国的议论
也响彻在奥林匹克赛场上
大声高喊那"中国得分"
啊，当掌声把五星红旗托上了蓝天
我骄傲，我是中国人哪
中国人

我那长城一样巨大的手臂
不光把采油钻杆钻进了外国人预言打不出石油的地心
也把通信卫星送上了祖先们梦里也没有到过的白云
当五大洲倾听着东方声音的时候
我骄傲，我是中国人

我是中国人
我是敦煌莫高窟壁画的传人

让那翩翩欲飞的壁画与我们同往吧

我们就是飞天

飞天就是我们

我骄傲，我是中国人！

## 训练材料三　优美散文

### 匆　匆

朱自清

燕子去了，有再来的时候；杨柳枯了，有再青的时候；桃花谢了，有再开的时候。但是，聪明的，你告诉我，我们的日子为什么一去不复返呢？——是有人偷了他们罢：那是谁？又藏在何处呢？是他们自己逃走了罢：现在又到了哪里呢？

我不知道他们给了我多少日子，但我的手确乎是渐渐空虚了。在默默里算着，八千多日子已经从我手中溜去，像针尖上一滴水滴在大海里，我的日子滴在时间的流里，没有声音，也没有影子。我不禁头涔涔而泪潸潸了。

去的尽管去了，来的尽管来着；去来的中间，又怎样地匆匆呢？早上我起来的时候，小屋里射进两三方斜斜的太阳。太阳他有脚啊，轻轻悄悄地挪移了；我也茫茫然跟着旋转。于是——洗手的时候，日子从水盆里过去；吃饭的时候，日子从饭碗里过去；默默时，便从凝然的双眼前过去。我觉察他去的匆匆了，伸出手遮挽时，他又从遮挽着的手边过去，天黑时，我躺在床上，他便伶伶俐俐地从我身上跨过，从我脚边飞去了。等我睁开眼和太阳再见，这算又溜走了一日。我掩着面叹息。但是新来的日子的影儿又开始在叹息里闪过了。

在逃去如飞的日子里，在千门万户的世界里的我能做些什么呢？只有徘徊罢了，只有匆匆罢了；在八千多日的匆匆里，除徘徊外，又剩些什么呢？过去的日子如轻烟，被微风吹散了，如薄雾，被初阳蒸融了；我留着些什么痕迹呢？我何曾留着像游丝样的痕迹呢？我赤裸裸来到这世界，转眼间也将赤裸裸的回去罢？但不能平的，为什么偏要白白走这一遭啊？

聪明的，你告诉我，我们的日子为什么一去不复返呢？

### 我喜欢出发

汪国真

我喜欢出发。凡是到达了的地方，都属于昨天。哪怕那山再青，那水再秀，那风再温柔。太深的流连便成了一种羁绊，绊住的不仅有双脚，还有未来。

怎么能不喜欢出发？没有见过大山的巍峨，真是遗憾；见了大山的巍峨没见过大海的浩瀚，仍然遗憾；见了大海的浩瀚没见过大漠的广袤，依旧遗憾；

见了大漠的广袤没见过森林的神秘，还是遗憾。世界上没有不绝的风景，我有不老的心情。

我自然知道，大山有坎坷，大海有浪涛，大漠有风沙，森林有猛兽。即便这样，我依然喜欢。

打破生活的平静是另一番景致，一种属于年轻的景致。真庆幸，我还没有老。即便真老了又怎样，不是有句话叫老当益壮吗？

于是，我还想从大山那里学习深刻，我还想从大海那里学习勇敢，我还想从大漠那里学习沉着，我还想从森林那里学习机敏。我想学着品味一种缤纷的人生。

人能走多远？这话不是要问两脚而是要问志向；人能攀多高？这事不是要问双手而是要问意志。于是，我想用青春的热血给自己树起一个高远的目标。不仅是为了争取一种光荣，更是为了追求一种境界。目标实现了，便是光荣；目标实现不了，人生也会因这一路风雨跋涉变得丰富而充实；在我看来，这就是不虚此生。

是的，我喜欢出发，愿你也喜欢。

## 站在历史的枝头微笑

[美] 本杰明·拉什

人活着，最要紧的是寻觅到那片代表着生命绿色和人类希望的丛林，然后选一高高的枝头站在那里观览人生，消化痛苦，孕育歌声，愉悦世界！这可真是一种潇洒的人生态度，这可真是一种心境爽朗的情感风貌。

站在历史的枝头微笑，可以减免许多烦恼。在那里，你可以从众生相所包含的甜酸苦辣、百味人生中寻找你自己；你境遇中的那点儿苦痛，也许相比之下，再也难以占据一席之地；你会较容易地获得从不悦中解脱灵魂的力量，使之不致变得灰色。

人站得高些，不但能有幸早些领略到希望的曙光，还能有幸发现生命的立体的诗篇。每一个人的人生，都是这诗篇中的一个词、一个句子或者一个标点。你可能没有成为一个美丽的词，一个引人注目的句子，一个惊叹号，但你依然是这生命的立体诗篇中的一个音节、一个停顿、一个必不可少的组成部分。这足以使你放弃前嫌，萌生为人类孕育新的歌声的兴致，为世界带来更多的诗意。

最可怕的人生见解，是把多维的生存图景看成平面。因为那平面上刻下的大多是凝固了的历史——过去的遗迹；但活着的人们，活得却是充满着新生智慧的，由不断逝去的"现在"组成的未来。人生不能像某些鱼类躺着游，人生也不能像某些兽类爬着走，而应该站着向前行，这才是人类应有的生存姿态。

## 散 步

莫怀戚

我们在田野上散步：我，我的母亲，我的妻子和儿子。

母亲本不愿出来的。她老了，身体不好，走远一点就觉得很累。我说，正因为如此，才应该多走走，母亲信服地点点头，便去拿外套。她现在很听我的话，就像我小时候很听她的话一样。

天气很好。春天来得太迟，太迟了，但是春天总算来了。我的母亲又熬过了一个严冬。

这南方初春的田野，大块小块的新绿随意地铺着，有的浓，有的淡；树上的绿芽也密了；田野里的冬水也咕咕地起着水泡……这一切使人想起一样东西——生命。

我和母亲走在前面，我的妻子和儿子走在后面。小家伙突然叫起来："前面也是妈妈和儿子，后面也是妈妈和儿子。"我们都笑了。

后来发生了分歧：母亲要走大路，大路平顺；我的儿子要走小路，小路有意思。不过，一切都取决于我。我的母亲老了，她早已习惯听从她强壮的儿子；我的儿子还小，他还习惯听从他高大的父亲；妻子呢，在外面，她总是听我的。一霎时我感到了责任的重大，就像民族领袖在严重关头时那样。我想找一个两全的办法，找不出；我想拆散一家人，分成两路，各得其所，终不愿意。我决定委屈儿子，因为我伴同他的时日还长。我说："走大路。"

但是母亲摸摸孙儿的小脑瓜，变了主意："还是走小路吧。"她的眼随小路望去：那里有金色的菜花，两行整齐的桑树，尽头一口水波粼粼的鱼塘。"我走不过去的地方，你就背着我。"母亲对我说。

这样，我们在阳光下，向着那菜花、桑树和鱼塘走去。到了一处，我蹲下来，背起了母亲，妻子也蹲下来，背起了儿子。我的母亲虽然高大，然而很瘦，自然不算重；儿子虽然很胖，毕竟幼小，自然也轻。但我和妻子都是慢慢地，稳稳地，走得很仔细，好像我背上的同她背上的加起来，就是整个世界。

## 春

朱自清

盼望着，盼望着，东风来了，春天的脚步近了。

一切都像刚睡醒的样子，欣欣然张开了眼。山朗润起来了，水涨起来了，太阳的脸红起来了。

小草偷偷地从土地里钻出来，嫩嫩的，绿绿的。园子里，田野里，瞧去，一大片一大片满是的。坐着，躺着，打两个滚，踢几脚球，赛几趟跑，捉几回迷藏。风轻悄悄的，草软绵绵的。

桃树，杏树，梨树，你不让我，我不让你，都开满了花赶趟儿。红的像火，粉的像霞，白的像雪。花里带着甜味；闭了眼，树上仿佛已经满是桃儿，杏儿，梨儿。花下成千成百的蜜蜂嗡嗡地闹着，大小的蝴蝶飞来飞去。野花遍地是：杂样儿，有名字的，没名字的，散在草丛里像眼睛像星星，还眨呀眨的。

"吹面不寒杨柳风"，不错的，像母亲的手抚摸着你，风里带着些新翻的泥土的气息，混着青草味儿，还有各种花的香，都在微微润湿的空气里酝酿。鸟儿将巢安在繁花嫩叶当中，高兴起来了，呼朋引伴的卖弄清脆的歌喉，唱出婉转的曲子，跟清风流水应和着。牛背上牧童的短笛，这时候也成天嘹亮地响着。

雨是最寻常的，一下就是三两天。可别恼。看，像牛毛，像花针，像细丝，密密地斜织着，人家屋顶上全笼着一层薄烟。树叶却绿得发亮，小草也青得逼你的眼。傍晚时候，上灯了，一点点黄晕的光，烘托出一片安静而和平的夜。在乡下，小路上，石桥边，有撑着伞慢慢走着的人，地里还有工作的农民，披着蓑戴着笠。他们的房屋稀稀疏疏的，在雨里静默着。

天上的风筝渐渐多了，地上的孩子也多了。城里乡下，家家户户，老老小小，也赶趟似的，一个个都出来了。舒活舒活筋骨，抖擞抖擞精神，各做各的一份事儿去。"一年之计在于春"，刚起头儿，有的是功夫，有的是希望。

春天像刚落地的娃娃，从头到脚都是新的，它生长着。

春天像小姑娘，花枝招展的，笑着走着。

春天像健壮的青年，有铁一般的胳膊和腰脚，领着我们向前去。

# 第六章

# 讲（编）故事训练

## 一、讲故事

### （一）应知内容

讲故事（讲见闻、讲新闻）是用绘声绘色的语言向别人转述自己的所见所闻。它要求语言形象生动，清楚明白，能够吸引对方。

注意的问题：讲故事不是念故事也不是背故事更不是演故事。

讲故事不是表演口技，不需要把各种人物、动物的语言、声音学得惟妙惟肖，但也绝不能千人一腔，应该区分人物的年龄、性别、性格，表现人物的感情。

讲见闻和讲新闻略不同于讲故事，讲故事更具有表演性，讲新闻和讲见闻生活化一些，因此其用语也要更自然一些，但也应注意不可像白开水一样平淡无味。

为了摆脱背诵的痕迹，我们一般不要求和原文一字不差，应该在记熟故事梗概的基础上，做适当修改：

（1）将一些句子改为儿童语言。

（2）将一些句子改得适合自己的口语。

同时，必须注意，改编时应该加以分析，故事的主要知识点不能更改和遗漏。比如《小蝌蚪找妈妈》，主要是想通过本故事向孩子们讲述青蛙的特征，这一点是不能改的。

（3）作品分析。

第一步，仔细阅读，明确主题；

第二步，厘清线索，记熟梗概；

第三步，找出人物，确定语言特点。

### （二）应会内容

讲故事是幼儿教师必备技能，讲故事的水平直接体现幼儿教师的教学能力与素质。在幼儿园的教学过程中,很多教育教学环节都是以故事的形式开展的。下面就来说说如何讲好一个故事。

### 1. 会选故事

在生活中,我们会接触到许多故事,但是并不是所有的故事都适合拿来讲,尤其是给儿童讲故事,选择更要慎重。选择故事是讲好故事的基础和前提。那么,我们要选一个什么样的故事来讲呢?

首先,所选故事要思想内容健康向上,有一定的教育意义。一般情况下,我们讲故事的目的是要通过故事传播文化知识、传授社会经验、灌输道德准则等。儿童的心灵纯净、思想单纯得犹如一张白纸,作为幼儿老师,我们将在这张白纸上写下最初的几笔。我们传授给幼儿的东西应该慎之又慎,决不能有任何不健康、不道德、不阳光的内容,甚至这些倾向都不能有。

其次,我们选择的故事要深浅适度,符合幼儿的口味,适合幼儿的理解能力。

幼儿园的孩子年龄大多集中在3~6岁,这个阶段的儿童,接触的人、事、物都非常简单。他们接触到的人无外乎家长、教师和同班小朋友;接触到的事基本围绕吃、喝、游戏;接触到的物基本都是家庭、幼儿园等地常见用具。其认知和理解能力有限。因此,我们选择的故事不能过于复杂超出幼儿理解能力。

一些经典故事看似复杂,但都没有超出上述范畴。比如《小蝌蚪找妈妈》,人物众多,但都是生活中常见的、孩子可理解的角色:小蝌蚪(孩子),青蛙妈妈(家长),金鱼、白鹅、乌龟(叔叔、阿姨、左邻右舍)。情节也比较简单,就是孩子找妈妈的过程。

而有些故事,由于内容比较晦涩,或者思想比较阴暗,则不适合讲给孩子听。比如:

### 狮子大王之死

在很久很久以前。狮子是森林里的大王。它整天吃喝玩乐,不劳而获。每当它大吼一声,动物们就要给它送好吃的东西。如果送餐迟到了,食物不合它口味,就会受到惩罚。动物们生活在水深火热之中,整天提心吊胆。有一天,小羊因为没有准时给它送吃的东西,结果被狮子活活给咬死了,变成狮子的午餐。动物们感到非常害怕,非常伤心。

当天夜里,动物们偷偷地在山洞里召开了一个紧急会议,动物们你一言一语,争论不休。眼看天就要亮了,它们还是没有想到一个好办法。突然,狐狸大叫一声:"大家请安静,我有办法了!"动物们都停了下来,只见狐狸的眼睛骨碌一转,神秘地说:"我的办法就是……"它说完了,大家都纷纷点头称赞,这真是一个好办法,狐狸不愧是"智多星"。大家商议之后,决定派它和老虎去完成这个艰难的任务。

第二天一大早,狐狸和老虎就提着丰盛的食物去见狮子大王,它俩一见到狮子,狐狸就献媚地说:"大王,您看,这是我精心为您准备的美味的牛排、羊排,我还带来了沙拉酱、黑胡椒,请您尽情地享用美食吧!"狮子抓起一块羊排就大口吃起来,吃完了问:"好渴啊,有没有酒?"这时,老虎赶紧上前一步,端着一杯酒说："大王，这是我为您准备的又解渴又养颜的葡萄酒！"狮子听了非常高兴："你们真是我的得力大臣，快把酒给我！"它还是一口气"咕噜"地喝完一大杯的酒。过了一会儿，狮子感到头晕目眩，肚子疼，四肢乏力。狐狸和老虎看到了，欢喜若狂，大声地说："你已经中毒了啦！我们在酒里下了毒，凶恶的狮子，想不到你也有今天，哈哈。"它们俩大笑起来。狮子听了非常生气，想扑过去咬死它们，可是已经太晚了，毒性发作了！它一点儿力气都没有了。

狮子死后，动物们推选勇敢的老虎当大王，聪明的狐狸当军师。大家过上了幸福的生活，森林里充满了快乐的笑声！

这个故事的人物虽然也是儿童故事中常见的动物角色，但整个故事血腥、暴力，充斥着阴谋与冷酷。这些是非常不利于儿童身心健康发展的。除了要注意思想性之外，选择故事的时候还应注意故事本身的一些特性，总结一下，有下列情况的一般都要慎重考虑：

（1）结构过于复杂的故事不宜讲。故事结构复杂，情节繁复，叙事牵缠，儿童不易理解，理不清头绪。

（2）人物过多的故事不宜讲，人物过多，对于听众（主要是儿童）来说，分辨困难，分不清张三李四。对于讲故事者来说，人物越多，人物的个性化表现越困难。

（3）人物形象、性格雷同的故事不宜讲。人物形象性格雷同，不容易区分角色，人物语言很难拿捏。

**2. 会改故事**

无论故事、童话还是寓言，其实质上都是成年人创作的作品。虽然在创作过程中作者已经考虑到了受众的年龄特点，但在内容上还是会或多或少的留有成年人的印记。在语言风格方面，大多数故事文本创作时着眼于"读"而不是"讲"。因此语言风格上有很浓重的书面语色彩。所以，我们改故事就从故事内容和语言风格两方面入手。

故事内容的改造，首先要尊重原作的主体情节和主要人物设置。在此前提下可适当添加细节，适当增加或删除次要人物，以使故事更加丰满。例如：

《伊索寓言》：一只小羊在河边喝水，狼见到后，便想找一个名正言顺的借口吃掉他。于是他跑到上游，恶狠狠地说小羊把河水搅混浊了，使他喝不到清水。小羊回答说，他仅仅站在河边喝水，并且又在下游，根本不可能把上游的水搅浑。狼见此计不成，又说道："我父亲去年被你骂过。"小羊说，那时他还没有出生。狼对他说："不管你怎样辩解，反正我不会放过你。"

这说明，对恶人做任何正当的辩解也是无效的。

这是伊索寓言当中的一个故事，原文言简意赅，但过于单薄，人不性格不突出，情节不具体。因此是不适合拿来讲的，需要改编成讲述稿。

## 狼和小羊

狼来到小溪边，看见小羊在那儿喝水。

狼很想吃小羊，就故意找茬儿，说："你把我喝的水弄脏了！你安的什么心?"

小羊吃了一惊,温和地说:"亲爱的狼先生,我怎么会把您喝的水弄脏呢?您在上游,我在下游,水是不会倒流的呀!"

狼气冲冲地说:"就算这样吧,你总是个坏家伙!我听说,去年你经常在背地里骂我,是不是?"

可怜的小羊喊道:"啊,这是不可能的,去年我还没出生呢!"

狼不想再争辩了,大声喊道:"你这个小坏蛋!骂我的不是你就是你爸爸,反正都一样!"说着,就往小羊身上扑去……

修改故事一般可以从以下几个方面考虑。

(1)改语言风格:把书面语改成口语。

书面语是指人们在书写和阅读文章时所使用的语言。"书面语"是用来"看"或"读"的,但不适合讲。故事文本一般都是成年人创作的,因此遣词造句都带有比较浓厚的成年人色彩,书面语色彩比较浓重。所以,选定一个故事之后,第一步,要把其中的书面语词汇改为口语词汇。每个书面语词汇都对应一个或几个口语词汇或短语。

将原故事中书面语色彩较浓的词语改成口语。如原文中的"便""名正言顺""借口""浑浊""辩解"等词语书面语色彩很浓,需要改成口语词或用一句短语代替。

(2)改叙述方式:把叙述性的语言改成人物对话来推进故事发展,同时可以增强故事的趣味性,使故事听起来更加生动,人物更加鲜活。如:

原文:于是他跑到上游,恶狠狠地说小羊把河水搅浑浊了,使他喝不到清水。

讲述稿:狼很想吃小羊,就故意找茬儿,说:"你把我喝的水弄脏了!你安的什么心?"

### 3. 会记故事

记故事,不要理解为背故事,不用一字一句地背诵下来。只需要故事的一些要素,比如时间、地点、人物,故事的起因、经过、结果等。另外,记住一些关键的字句。比如,《两只笨狗熊》:狗熊妈妈有两个孩子,一个叫大黑,一个叫小黑,他们都挺胖,可是都很笨,是两只笨狗熊。"是两只笨狗熊"这句话在全篇中起点题作用,必不可少,而且尽量不要做改动。还有"可是,只有一块干面包,两只小狗熊,可怎么分呢?""一块干面包,两只小狗熊",一和二的矛盾是整篇故事的矛盾焦点,没有这句话,整个故事就不成立,因此,也不能少。而且,讲故事处理语气时一定要突出"一"和"两"二字。

### 4. 会练故事

反复演练琢磨语气语调以及动作表情,力求生动形象。

故事的语言有两种:叙述语言和人物语言。叙述语言即作者(或故事讲述者)的话。主要用于交代故事发生的时间、地点、人物、时间,等等。人物语言是指故事中人物的语言。

叙述语言要求形象生动,语调要有抑扬顿挫的变化,而且语调起伏要适当夸张。善于运用语调、停连、重音、语速等技巧。节奏要鲜明,快慢适宜。

## 两只笨狗熊（节选叙述语言）

狗熊妈妈有两个孩子，一个叫大黑，一个叫小黑。他们长得挺胖，可是都很笨，是两只笨狗熊。

有一天，天气很好，哥儿俩手拉着手一起出去玩儿。他们走着，走着，忽然看见路边有一块很大很大的干面包，捡起来闻闻，嘿，香喷喷的。可是只有一块干面包，两只小狗熊怎么吃呢？大黑怕小黑多吃一点，小黑也怕大黑多吃一点。这可不好办哪！

故事当中的叙述语言语调要适度夸张，起伏要明显。而且根据语言所表述的内容运用相应技巧，配合表情和肢体动作，增强语言感染力。

狗熊妈妈有两个孩子。（重音放在"两"上，而且语调要夸张，重音处理上，比一般朗读要重许多）

一个叫大黑，一个叫小黑。（重音应在"大""小"二字，语调要夸张）

他们长得挺胖，（两个小熊（小孩儿），长得胖乎乎，肉嘟嘟，给人的感觉萌萌的。所以体现在语调上语调轻松、愉悦，配合适当表情）

可是都很笨，（与上文轻松愉快的语调要形成对比，两个小熊（小孩儿）笨笨的，总不是好事情，所以讲述的时候语调要下沉，稍稍有些忧伤，配合适当表情，表现这种情绪。）

是两只笨狗熊。（这个故事的题目是"两种笨狗熊"，这句话点题，所以要处理得突出、鲜明，尤其"笨"字，要适当加重、延长）

有一天，天气很好，哥儿俩手拉着手一起出去玩儿。（"天气好""出去玩"轻松愉快）

他们走着，走着，忽然看见路边有一块很大很大的干面包，（忽然，语调转折，由愉悦转惊喜，语调升高，重音方面要强调"很大很大"，配合发现的表情和肢体动作）

捡起来闻闻，嘿，香喷喷的。（"嘿"要适当延长，表现享受的感觉，体会闻美妙气息时的心情。"嘿"也可以替换成其他词语，比如"嗯""啊""哇"等。"香喷喷的"语调下沉，同时配合"闻""享受"等动作、表情）

可是只有一块干面包，两只小狗熊怎么吃呢？（"一块干面包""两只小狗熊"是构成这篇故事的矛盾基础，"一""两"夸张重读，引领听众注意力）

大黑怕小黑多吃一点，小黑也怕大黑多吃一点。这可不好办哪！（情绪转低落，配合为难的表情动作）

人物语言即故事当中人物的对话，不同年龄、不同性别、不同性格和不同身份的人，都有自己独特的声音和语言风格。要运用不同的声音活灵活现地表现故事中的人物。揣摩人物语言要从两方面入手：一是人物自身的性格特点，二是人物所处的特定的环境。比如：用声音的粗细，区分大人和小孩、男人与女人。用声音的强弱，区分健康人和病弱人。用不同的语调，区分正面和反面人物。用不同的口气，表达人物的不同情绪等。下面就以《猴子吃西瓜》为例，简要介绍一下人物语言的揣摩处理过程。

## 猴子吃西瓜（全文）

猴王找到了一个大西瓜，可是，怎么吃呢？这个猴啊，从来也没有吃过西瓜。忽然，他想出了一条妙计，于是，他把所有的猴都召集来了。他清了清嗓子，说："今天，我找到了一个大西瓜。至于这西瓜的吃法嘛，我当然……当然是知道的。不过，我要考验一下你们的智慧，看看谁能说出这西瓜的吃法。如果说对了，我可以多赏他一块。如果说错了，我可要惩罚他！"

大伙你看看我，我看看你，可是谁也没有吃过西瓜。小毛猴眨巴眨巴眼睛，挠了挠腮说："我知道，吃西瓜是吃瓤！"

"不对！小毛猴说得不对！"短尾巴猴跳了起来："我跟我妈去姥姥家，吃过甜瓜，吃甜瓜就是吃皮。我想，这甜瓜也是瓜，西瓜也是瓜，吃西瓜嘛，当然也是吃皮咯。"

这时候，大伙争执起来，有的说："吃西瓜吃皮！"有的说："吃西瓜吃瓤！"可争了半天，也没争出个结果，于是都不由地把目光集中到一只老猴的身上……这老猴认为出头露面的机会来了，他将了将胡子，清了一下嗓子说："这吃西瓜嘛，当然……当然是吃皮咯。我从小就爱吃西瓜，而且……而且一直都是吃皮的。我想，我之所以老而不死，就是因为吃了这西瓜皮的缘故……"大伙都欢呼起来："对！吃西瓜吃皮！""吃西瓜吃皮！"……猴王认为找到了正确答案，他站起身来，上前一步，开言道："对！大伙说得对！吃西瓜是吃皮。哼！就小毛猴崽子一个人说吃西瓜吃瓤，那就让他一个人吃瓤吧！咱们大伙，都吃西瓜皮！"西瓜一刀两半，小毛猴吃瓤。大伙，共分西瓜皮……有个猴吃了两口，就捅了捅旁边的说："哎，我说这可不是滋味啊！""咳，老弟，我常吃西瓜，西瓜嘛，就是这味……"

这个故事当中，出场的主要人物有四个：猴王、小毛猴、短尾巴猴和老猴。

## 猴子吃西瓜（节选人物语言）

猴王："今天，我找到了一个大西瓜。至于这西瓜的吃法嘛，我当然……当然是知道的。不过，我要考验一下你们的智慧，看看谁能说出这西瓜的吃法。如果说对了，我可以多赏他一块。如果说错了，我可要惩罚他！"

小毛猴："我知道，我知道，吃西瓜是吃瓤儿。"

短尾巴猴："不对！小毛猴说得不对！我跟我妈去姥姥家吃过甜瓜，吃甜瓜就是吃皮。我想，这甜瓜是瓜，西瓜也是瓜，吃西瓜嘛，当然也是吃皮咯。"

老猴："这吃西瓜嘛，当然……当然是吃皮咯。我从小就爱吃西瓜，而且……而且一直都是吃皮的。我想，我之所以老而不死，就是因为吃了这西瓜皮的缘故……"

分析人物语言以主要从以下几方面入手：第一，人物本身特点。粗笨的动物一般音色较低沉，嗓音较粗，语速较慢，还可以加上较重的鼻音等。灵巧机敏的动物音色较亮，语速较快，语调上扬比较多。第二，考虑人物的性格特点。性格忠厚淳朴用比较中性浑厚的声音，语速适中，语调平稳。性格奸猾的一般处理成嗓音尖细、发音靠上的音色，语速快。第三，考虑人物的性别、年龄、身体状况等。女性角色声音较尖细，语调上行，语速快。男性角色声音较浑厚，语调平，语速适中。老年角色声音较沙哑，语速慢，气息较弱。另外，人物在群体中的地位、人物此时此刻的心情、态度等都影响人物的语言样式。

在《猴子吃西瓜》这个故事当中：

猴王是一个成年人，男性，身体健壮，在整个群体中他地位最高、处于支配地位。因此猴王的语言应该有下列特点：声音粗、语气重、语速较慢，有较强支配感。在这个故事中，猴子们要分吃的西瓜是他找到的，因此，在猴王的语言中还应该有较强的优越感、自豪感。同时还要考虑到，这个猴王不是很聪明的，是个有点傻傻的又自作聪明的角色。因此声音里还应带点喜感。

小毛猴很明显是个小孩子。小孩子的共同特点是声音较尖细，语速快，语调上扬明显。并且小毛猴是唯一一个知道西瓜正确吃法的人物，小孩子的表现欲使其语气中有明显的急切感。

短尾巴猴也是个小孩，这从他站出来反驳小毛猴的观点可以推测出来。而且，在他的话中总是提到妈妈、姥姥等。小孩的语言特点比如语音尖细、语速快、语调高等都适用于这个角色。分析到这里就出现了一个问题：小毛猴和短尾巴猴两个人物形象非常相似，如果都用同一方式处理他们的语言，就会造成人物区分不明显甚至混乱。因此这两个人物语言处理上要同中有异，既体现其共性又能区分人物。两个人物形象相比较，小毛猴的形象更正面更阳光，而短尾巴猴的形象稍显负面，因此，我们可以让短尾巴猴的语言在原有基础上增加一些滑稽色彩，比如加重鼻音或者稍微放慢语速。还可以附加一些说话习惯或表达方面的特点，比如“口吃”或者语言中夹杂较多无意义的虚词“嗯”“啊”“哦”等。

老猴很明显是一个老年角色，老年人的语言特点是嗓音低沉、语速缓慢、气息沉重。

**5. 会使用态势语**

讲故事的态势语之所以要加以强调，是因为它与朗诵、演讲等艺术形式的态势语略有不同。讲故事的态势语更丰富、更夸张，也更儿童化一些，会出现跺脚、噘嘴、扭腰等略带表演性的动作，讲故事者要根据内容和听众做恰当处理。

## （三）训练内容

（1）请根据你的想象分别以大狗熊、大灰狼、狐狸、小猴子的语气语调说一句话。

（2）请分别以老年人、中年人、小孩的语气语调说一句话。

（3）请分别用生气、高兴、害怕、难为情的感觉说一句话。

（4）用三分钟时间快速阅读下面故事，然后脱稿试讲。

### 小蝌蚪找妈妈

暖和的春天来了。池塘里的冰融化了。青蛙妈妈睡了一个冬天，也醒来了。

她从泥洞里爬出来，扑通一声跳进池塘里，在水草上生下了很多黑黑的圆圆的卵。

春风轻轻地吹过，太阳光照着。池塘里的水越来越暖和了。青蛙妈妈下的卵慢慢地都活动起来，变成一群大脑袋长尾巴的蝌蚪，他们在水里游来游去，非常快乐。

有一天，鸭妈妈带着她的孩子到池塘中来游水。小蝌蚪看见小鸭子跟着妈妈在水里划来划去，就想起自己的妈妈来了。小蝌蚪你问我，我问你，可是谁也不知道。"我们的妈妈在哪里呢？"

他们一起游到鸭妈妈身边，问鸭妈妈："鸭妈妈，鸭妈妈，您看见过我们的妈妈吗？请您告诉我们，我们的妈妈是什么样的呀？"

鸭妈妈回答说："看见过。你们的妈妈头顶上有两只大眼睛，嘴巴又阔又大。你们自己去找吧。""谢谢您，鸭妈妈！"小蝌蚪高高兴兴地向前游去。

一条大鱼游过来了。小蝌蚪看见头顶上有两只大眼睛，嘴巴又阔又大，他们想一定是妈妈来了，追上去喊妈妈："妈妈！妈妈！"大鱼笑着说："我不是你们的妈妈。我是小鱼的妈妈。你们的妈妈有四条腿，到前面去找吧。""谢谢您啦！鱼妈妈！"小蝌蚪再向前游去。

一只大乌龟游过来了。小蝌蚪看见大乌龟有四条腿：心里想，这回真的是妈妈来了，就追上去喊："妈妈！妈妈！"大乌龟笑着说："我不是你们的妈妈。我是小乌龟的妈妈。你们的妈妈肚皮是白的，到前面去找吧。""谢谢您啦！乌龟妈妈！"小蝌蚪再向前游去。

一只大白鹅"嘎嘎"地叫着，游了过来。小蝌蚪看见大白鹅的白肚皮，高兴地想：这回可真的找到妈妈了。追了上去，连声大喊："妈妈！妈妈！"

大白鹅笑着说："小蝌蚪，你们认错了。我不是你们的妈妈，我是小鹅的妈妈。你们的妈妈穿着绿衣服，唱起歌来'咯咯咯'的，你们到前面去找吧。""谢谢您啦！鹅妈妈！"小蝌蚪再向前游去。

小蝌蚪游呀、游呀，游到池塘边，看见一只青蛙坐在圆荷叶上"咯咯咯"地唱歌，他们赶快游过去，小声地问："请问您：您看见了我们的妈妈吗？她头顶上有两只大眼睛，嘴巴又阔又大，有四条腿，白白的肚皮，穿着绿衣服，唱起歌来'咯咯咯'的………"青蛙听了"咯咯咯"地笑起来，她说"唉！傻孩子，我就是你们的妈妈呀！"小蝌蚪听了，一齐摇摇尾巴说："奇怪！奇怪！我们的样子为什么跟您不一样呢？"青蛙妈妈笑着说："你们还小呢。过几天你们会长出两条后腿来；再过几天，你们又会长出两条前腿来，四条腿长齐了，脱掉了黑衣服，就跟妈妈一样了，就可以跟妈妈跳到岸上去捉虫吃了。"小蝌蚪听了，高兴得在水里翻起跟头来："啊！我们找到妈妈了！我们找到妈妈了！好妈妈，好妈妈，您快到我们这儿来吧！您快到我们这儿来吧！"青蛙妈妈扑通一声跳进水里，和她的孩子蝌蚪一块儿游玩去了。

# 二、编故事

## （一）应知内容

创编故事是一种不同于写作文的文学创作。它要求作品除了具备记叙文的一些特点外，还应该注意以下几点：

（1）情节尽量曲折。

（2）人物性格差异要尽量大。

（3）人物对话要多、要口语化。

（4）叙述语言要尽量生活化。

## （二）训练内容

**训练一**

（1）将下列词语串成一个小故事：春天、小河、衣服、狡猾、后悔。

（2）请以"小青蛙智斗大灰狼"为题编讲一个故事。

**训练二**

请按下列要求编讲故事：

（1）请编一个科普小故事。

（2）请分别编一个春天、夏天、秋天、冬天的故事。

（3）请以下列主题编讲故事：团结友爱、互帮互助、勤劳、环保、分享、自我保护、勤学苦练、持之以恒、知错就改、文明礼貌、社会公德。

第七章

# 演讲训练

## 一、应知内容

### （一）什么是演讲

演讲是指一个人针对某件事物，以听众为对象发表谈话的沟通行为，是在较短的时间内向听众灌输大量信息的一种有效方式。

### （二）演讲的特点

#### 1. 现实性

演讲的"演"主要是指"演绎、阐释"，不是"表演"的意思。演讲者站在台上，是以自己的真实姓名和身份对听众讲话，而不是以演员的身份，扮成某个角色为观众表演。演讲活动所发挥的认识作用、教育作用和熏陶作用，是社会实践的直接需求，是实实在在的社会现实生活，具有直接的现实意义。

#### 2. 艺术性

演讲是有声语言和态势语言的结合体，要把语言、声音、目光、动作、姿态等表达思想感情的方式综合运用，并且要求发音准确，吐字清楚，语调动听，双目传神，表情丰富，动作优美，仪态大方，感情充沛又富有变化。演讲者或悲或喜，或哀或怒，举手投足，一招一式，都要随着内容的变化而变化，做到贴切自然，浑然一体，从而有效、充分地表达出深刻的思想内容和情感态度。演讲的内容安排、逻辑结构也有很高艺术要求。演讲如何开头，如何结尾，如何说理，如何抒情，如何修辞，如何论证，需要苦心构思，巧妙组合，寓深刻的思想内容于灵活精巧的艺术结构之中，使听众产生一种艺术的结构美感和文采美感，从而加强表现力和感染性。所以，不仅是一种现实性的社会实践活动，而且是一种带有艺术性的社会实践活动。演讲之所以能够成为一种较高级的语言表达形式，其秘诀就在于思想内容和艺术形式的珠联璧合，逻辑思维和形象思维的和谐统一。

**3. 鼓动性**

演讲是以政论为主体的语言实践活动，演讲的最终目的是感召听众，激发听众去思考、研究演讲者所阐述的理论和解决问题的方案。提高演讲的鼓动性，可以从以下三个方面去把握。

首先，演讲者的态度要鲜明。在演讲时要做到旗帜鲜明、立场坚定，或褒或贬，或赞或批，泾渭分明，毫不含糊，要以自己的心声去呼唤听众的心声，以自己的感情的火花去点燃听众的感情的火花。

其次，演讲的论证过程要清晰。演讲者在演讲时，无论是深入浅出地说明问题，还是纵横捭阖地阐述主张，旁征博引，论证步骤都要清晰可见。而且从概念到判断到推理，都要严格遵守逻辑法则，以说理的透彻、深刻抓住听众，引起共鸣。

再次，在演讲过程中要加以表情、姿态、声调、手势的辅助，以科学的态势语言加强感染力量。

古今中外，一场场出色的演讲，曾经鼓动起多少人的爱国之心，报国之行；激励起多少人的献身之志，杀敌之勇；点燃了多少人的正义之火，智慧之光。这些都充分体现了演讲的鼓动性。

**4. 双向性**

演讲的这一特征常常被许多人所忽视，他们只是片面地强调演讲者的讲和听众的听。其实，当演讲者把信息传递给听众时，听众将会反馈给演讲者丰富的信息，这是一个时时刻刻都在运动着的信息交流的循环过程。现代演讲学越来越重视研究演讲者与听众之间的现场联系，越来越重视探讨"交流式"的演讲。这可以给演讲者带来两大好处：一是演讲者能够根据听众的反馈信息，及时调整演讲的内容和方法，避免无效的演讲；二是演讲者可以掌握听众的心理状态，根据听众的接受程度，在最佳时间段里输出最大值的信息量。反过来说，听众掌握了"交流式"的演讲，也便于在最适宜的条件下，有效地接受演讲者传送出来的信息。

## （三）演讲的类型

演讲类型是指根据不同的标准所划分的演讲类别，在现实生活中，常见的演讲分类标准有内容标准、时间标准等。

**1. 按内容标准划分**

以内容为标准，演讲可以分为政治演讲、学术演讲、礼仪演讲和竞聘演讲等类型。

**2. 按时间标准划分**

（1）即兴演讲。

"即兴"原意是"对眼前的人或事物有所感触而临时创作的一种情绪状态"，即兴演讲是演讲主体在事先无准备的情况下，就眼前的场面、情境、事物、人物即席发表的演讲。因此，其时境性强，属有感而发。

根据即兴的程度，即兴演讲大致可分为全即兴式和半即兴式，事先毫无准备的是全即兴式演讲，事先略有准备的是半即兴式演讲。根据演讲的动因，即兴演讲又可分为主动式和被动式两种，情动于中而发乎自觉的是主动式演讲，本来没有话题但出于某种原因（如对方发出邀请或挑战）不得已而为之的是被动式演讲。

即兴演讲的特征和关键都在一个"快"字。一旦面临某个即兴演讲的话题，演讲者就要迅速接受这一信息的刺激，产生紧张感，快速做出反馈处理，即"审题"判断，然后"搜索枯肠"，挑拣出有关的知识、经验。在此基础上，确立论点，处理层次，选用事例，设计手势。力争使演讲既言之有物、言之有理，又给人一种出口成章、一气呵成的感觉。因此，即兴演讲是一种难度比较大的演讲，必须建立在思维敏捷、知识广博、经验丰富和记忆能力较强的基础上。

（2）专题演讲。

专题演讲是根据事先规定的命题或范围，在有准备的基础上，所作的内容系统、结构完整、要求全面的演讲。

# 二、应会内容

## （一）会写稿件

专题演讲要求演讲者事先确定演讲的题目，并根据选题"讲什么""怎么讲"的思路写成演讲稿，甚至还要通过记忆、练习等充分准备，然后才上台进行演讲。专题演讲的成败优劣，在很大程度上取决于事先准备的演讲稿，所以演讲稿的写作是这类演讲成败的关键之一。稿件写作要注意以下几个方面：

### 1. 开头要引人入胜（吸引人）

专题演讲最容易出现的问题就是雷同，尤其是有了网络以后，很多人为了省事，就不再用心琢磨，而是直接从网上下载。那么，如果要想吸引人甚至引人入胜就必须做到与众不同，尤其是开头。当你拿到题目时能想到的第一个开头要毫不犹豫地放弃，只有这样才有可能获得好名次。记得有一次，唐山市举办"纪念抗震三十周年"朗诵比赛，几乎所有的选手一上来就是"1976 年 7 月 28 日凌晨三点四十分……"进行到第三四个选手时，就连选手自己都说着没劲了。因为我们事先就想到了这一点，所以从题目到开头我们都让听众耳目一新，不落俗套，获得了好成绩（参见本章后附参考演讲稿《我骄傲，我是唐山人》）。

### 2. 中间要催人泪下（感动人）

仅仅有一个与众不同的开头是不够的，中间事件的选择也相当重要。不经常演讲的人往往无话可说无事可写，而经常演讲的人却可能是事例较多难以取舍。这就需要我们静下心来仔细琢磨，哪个事例更切合当时环境？哪个事例更接地气？哪个事例更真实感人？选择事例一定要注意真实，不可为了某种目的刻意拔高，以免适得其反。记得有一次参加"我身边的共产党员"演讲比赛，有的选手为了追求所谓的感人，也是为了博得官员的好感，在叙述主人公如何先进时竟然举了这样的例子：他父母重病乃至去世他都没有回家……在现场不仅没有引起观众的共鸣，反而引起了一些人的反感。试想，这样的演讲怎么可能打动人心？所以，感人必须以真实为基础。

### 3. 结尾要令人鼓舞（鼓舞人）

演讲的鼓动性主要体现在结尾部分。因此，演讲稿的结尾要充满激情充满诗意，要善用排比句，以排山倒海的气势将观众的激情点燃！在全文尤其是结尾处一般会发出号召，最好使用"我们"一词，切忌使用"你们"一词。

### （二）会演会讲

这个"演"不仅仅是表演，还是"讲"的辅助手段，所以演讲者千万不要装腔作势，要自然大方。语调要有高低起伏，语速要有快慢变化。

### （三）会正确使用态势语

除了参考本教材第四章所讲内容外，还要特别注意两点：一是最忌用手指向观众；二是穿衣要端庄大方，忌过于前卫、暴露。

## 三、训练内容

**训练1**

请用以下几个词语说一段话，顺序可以变，所有词语必须全部用上。

1. 丰富　人才　贫穷　希望　懒散
2. 北冰洋　玫瑰花　面试　企业　足球
3. 信息　有意　比赛　金融　待遇

**训练2**

1. 请用三分钟时间谈谈对当今某一社会现象的看法，要求使用至少三个成语。
2. 请谈谈人与自然的关系，时间不得短于三分钟并用到下列成语：

物竞天择　适者生存　相互依存

**训练3**

根据下列场景，拟写演讲稿开头。

1. 在一次全校教职工大会上，领导请你作为新教师的代表发言。
2. 在学生的毕业典礼上，你作为教师代表发言。
3. 请任选三个标点符号，联系生活和学习谈谈你的看法。

**训练4**

根据主题拟写演讲稿，并试讲。

1. 请以"有志者事竟成"为主题做一次演讲。
2. 请以"谈谈社会公德"为主题做一次演讲。
3. 请以"平凡与伟大"为主题做一次演讲。
4. 请以"我与中国梦"为主题做一次演讲。

**附参考演讲稿1**

### 我骄傲，我是唐山人

1945，1，22万，11.5，4，400，……（用图片展示）看到这些数字，大家可能会感到疑惑，这究竟是一组什么样的数字？又有什么样的含义？下面我把它填上内容，大家就会明白了。

1945 年，美国向日本广岛投下第 1 颗原子弹，繁华的广岛顿时被夷为平地，据统计，因原子弹轰炸而死去的至今已达 22 万余人，而清理调查 11.5 平方公里的地方就花了近 4 年的时间。然而，你可曾想过有这么一天，足足相当于 400 枚广岛原子弹的大地震降临在唐山，又会是什么样的景象？又会造成一种什么样的灾难呢？亲爱的朋友们，这是一个百万人口的城市顷刻间夷为平地、这是一个 24 万人死亡，16 万人重伤、这是一个直接损失达 100 亿元的灾难啊！

这就是 30 年前的唐山大地震，是迄今为止 400 多年世界地震史上最惨烈的一页。

看到"受伤"的唐山，某些外国人肯定地说"唐山将不复存在"。但是他们错了，最直接的证据就是唐山依然屹立在冀东大地，唐山依然繁花似锦，唐山依然在谱写人类历史上最辉煌的篇章！

今天，走在唐山的街道上，我时时感到惊奇，感到振奋。30 年过去了，是什么让唐山屹立不倒？是什么让唐山灯火辉煌？是什么让唐山发展神速？是什么让唐山神采飞扬？

这里，我想向大家讲几个我听到、看到的真人真事：

李方合，曹家口村的老支部书记，也是在地震后掩藏着失去 6 口亲人的伤痛、坚持开拖拉机输送全村伤员的老英雄。

当他被救出后，眼前的一切让李方合吃惊，2 700 多口人的村子没了，房子倒了，人们都被埋进了废墟。然而更让李方合无法接受的是，家里的废墟上摆了六具尸体：老父亲、岳母、妻子、大女儿、三女儿和小儿子。老李当时是村里的干部，负责村里的水电农机等，他很快拄着木棍来到了大队部。"死的都让他们安息了，活的不能让他们再受罪啊。"怀着这朴素的想法，忍着失去亲人的悲痛，从早上 8 点多，带着伤的老李开起村里的拖拉机开始运送受伤的村民去飞机场，一趟一趟，来来回回，完全忘记了时间。送完伤员，老李又马不停蹄地开始拉尸体。一位老乡知道他家里死了六口人，怕他会难过，就把他替换了。直到停下来，他才感觉到心里一阵阵的绞痛。第二天凌晨 4 点，老李又爬起来去村里安水泵和机井。使他们村成为最早吃上干净水的村子。8 点多市区就来了拉水的车，村里的井竟成了市里的水源。很快，钢磨也安上了，村民又可以吃上粮食了。

像李方合这样的人又何止一个呢？当年的军医李毅刚是从战友口中得知家乡发生了巨大灾难的。听到这个消息，李毅刚当时是一片空白，"我们家住的是危房，这样的地震，房屋必倒无疑。"想到这些，李毅刚急忙赶到邮局，要唐山的加急长途，"可所有与唐山连接的线路一个都接不通。"

根据上级指示，李毅刚所在的河南医学院正在组建援助唐山的医疗队。因联系不到家里而万分焦急的李毅刚想到自己身为军人的责任，"家乡有难了，我更不能不回去呀。"

经过积极争取，学院决定让他们9位解放军学员和有丰富经验的老师一起参加第一批河南省赴唐山医疗队，并任命李毅刚为河南医学院分队的副队长。李毅刚所在的医疗队被国务院派往滦县参加抗震救灾。坐在车上的李毅刚心还在想着家里，想着年迈瘦弱的姥姥，体弱多病的妈妈，和年幼的弟弟、妹妹。他当时浑身一个劲哆嗦。一路东行，李毅刚的心焦急难耐，如坐针毡。老师让他先回家看看，再到滦县会合。同车战友和老师拿出自己的干粮、水果、药品，用衣服裹了一个包，让李毅刚给家里人送去，把伤员接来。"毅刚，家里无论出什么事，你都要挺住啊！"听到战友们的话，他再也控制不住，与战友们抱作一团失声痛哭，整个车厢都在哭泣。在邻居的带领下，李毅刚找到了自己已面目全非的"家"，姥姥已经不在了；妈妈腿脚受了伤；弟弟和妹妹都没有受到大的伤害。据李毅刚自己说他家还算是幸运的，他在遇难的废墟上给姥姥磕了个头，把随身带来的干粮、药品都分发给周围的邻居，匆匆告别了邻居，去追赶医疗队。

李毅刚所在的医疗队当时就驻扎在我们滦县师范学校，当地百姓知道医疗队到了后，蜂拥赶来。为稳定群众情绪，医疗队分成若干个小组，分头察看病人。将伤员分门别类，送手术组立即手术或输液观察。手术一个接一个。李毅刚说，当时的医疗队的人都不知道休息。

就这样手术组歇人不歇台，渴了喝口水，饿了吃几口饼干，累了靠着箱子闭闭眼歇一会。李毅刚所在的医疗队究竟抢救了多少伤员，挽救了多少人的生命，具体数字已经记不清了。只记得开始救治的头两天，他们都没有合过眼，没有坐下来一起吃过一顿饭。

像李方合、李毅刚这样的人又何止一个两个？在那时，唐山成了全国全世界关注的焦点！据毛主席的秘书回忆：毛主席临终前批阅的最后一份文件就是关于唐山大地震的报告！他一再叮嘱负责同志，一定要尽快派人去唐山安置人民生活！人民领袖爱人民！毛主席不会忘记我们！一定会派人来救我们！据老人们回忆：这样的想法是当时老百姓与灾害抗争的巨大精神支柱！1976年7月28日，也就是地震当天，接到命令的14万救灾官兵从祖国的四面八方日夜兼程，赶往唐山。他们逢山开道，遇水架桥，克服了种种意想不到的困难，以最快的速度向唐山挺进。广大指战员在"灾区就是战场，震情就是命令，时间就是生命"的口号声中，不顾余震造成的威胁，英勇顽强地在危墙和残壁间冲进冲出，哪里埋压着生命，哪里就有战士们跃动的身影。没大型机械，他们就用肩膀扛，就用手扒，用钢钎撬，想尽了各种办法进行最顽强的营救。肩膀磨破了，渗出了丝丝缕缕的血迹；手指扒破了，露出了掉了皮肉的骨头……一些战士为了抢救人民群众的生命献出了自己年轻的生命。正是因为有了党和政府的关怀，正是有了人民的军队，我们才把损失降到了最低！时至今日，唐山人民仍不能忘记十万大军舍生忘死、救他们于水火的动人场面，不能忘记全国人民伸出的援助之手，不能忘记毛主席关切的目光！

30 年，弹指一挥间，"以前的唐山，废墟一片、今日的唐山辉煌灿烂"，唐山走过了从毁灭、崛起到振兴的不平凡历程。英雄的唐山军民虽无力抗拒那场突如其来的灾难，但他们用生命、鲜血和汗水铸就了"公而忘私、患难与共、百折不挠、勇往直前"的抗震精神，铸就了今日美好的唐山。

正是这惊天地、泣鬼神的抗震精神，谱写了人类历史上最壮美的华章！正是照千秋、励后人的抗震精神，铸就了一座英雄的城市！我骄傲，我是唐山人！我自豪，我生在一个伟大的国家！父辈们的抗震精神已熔铸在我的血液，我会继续发扬这种顽强不息的抗震精神，努力学习、奋发进取、知难而进，为家乡、为祖国奉献出自己的青春和热血！

祝愿我的家乡更美好！

祝愿我们的唐山更辉煌！

祝愿我们的祖国更加繁荣昌盛！

 附参考演讲稿2

## 带着诚信上路

最近我从一本杂志看到这样一个故事，说是美国有一贫穷打工仔非常喜欢摩托车，特别是著名的哈雷牌摩托车。但由于他根本买不起，这种车只能是他心中的梦想。后来，他用 35 美金买了一辆破旧不堪报废了的哈雷牌摩托车，想要自己动手修理它。由于缺乏配件，他给摩托厂去了电话。人家询问了车的型号后说：这是一款老车，早就不生产了，配件要到仓库里找找看，然后再答复他。他等啊，等啊，以为没有希望了，然而有一天工厂突然来了电话，有人急切地问他车架上是否刻有KING的印记。这个打工仔在擦拭这辆车时，确实看见过这个印记，但他实在搞不明白这跟配件有什么关系，他有些不快地告诉对方，是有这样几个字母。谁知过了几天，一个自称是哈雷工厂老板的老年人，又打电话给他，说：我们愿意出 35 万美元收购这部旧摩托车，你愿意吗？这个打工仔大吃一惊，忙问原因，那老人告诉他，这辆摩托车是猫王生前在他们工厂定做的，那个KING是他亲手打上的。

这个消息不胫而走，又有很多人打电话，愿意出 40 万、50 万美元购买这辆摩托车。

这个故事的结尾，也就是这辆摩托车最后卖出了多少价钱，又是被何人收购的显然已经不重要了，更重要的是这个故事引出了一个话题。哈雷老板如果拿一辆新车去跟打工仔交换，那个打工仔肯定会乐疯的，而哈雷工厂也不用花那么多钱去收购这辆旧车，但是哈雷老板却老老实实地按真实的价值与打工仔交易，绝不欺哄对方。这是什么经商之道？这就是诚信！

这件事如果发生在我们身边，又会怎样呢？起码要有一帮子人会嘲笑那个哈雷老板，太傻，脑子进水了。但你有没有想到，正因为哈雷老板的这种表面上吃了大亏的诚信，却为他和工厂产品做了何等超值的广告，其效益收入远远超出了 35 万美元！

诚信是经商的至宝，也是我们每个人走向成功的至宝啊！

无独有偶，在我们中国，也有这样一位靠诚信起家的老板，他就是海尔集团的张瑞敏。在众多的电器产品中，海尔恐怕是最贵的，然而却一年比一年效益好。为什么？一流的售后服务！难得的诚信保证！有的产品，在你购买前被说得天花乱坠，而买到家里，尤其是出了故障却会让你焦头烂额，而海尔只需一个电话，周到的服务就上门了！可以说，在令人眼花缭乱的众多产品中，真正兑现诺言、真正让老百姓放心的，海尔算首屈一指了。在别的企业为发财致富绞尽脑汁时，他却做老实人、说老实话、办老实事，一丝不苟地按"1＋1＝2"的诚信法则治厂经商，但最终他赢得了信任、赢得了市场，使海尔展翅腾飞，响彻神州，甚至漂洋过海，走向世界。诚信给了他最好的回报！

说了半天，究竟什么是诚信呢？其实这个问题非常简单，恐怕每个人都能回答得非常圆满。无非就是我们通常所说的说话算数，办事可靠。那为什么又引起我们这么热烈的讨论呢？其原因恐怕也是我们每一个人都心知肚明的。君不闻，安徽阜阳劣质奶粉害死儿童？君不见，所谓优质工程屡屡坍塌？君可曾为一件小商品和商人争得面红耳赤？

诚信是社会文明程度的重要标志，是整个社会赖以生存和发展的基础。当一个人没有了诚信，你将失去所有的朋友！当一个单位没有了诚信，它将快速走向倒闭！当一个国家没有了诚信，它无法在国际舞台上立足！

我们中华民族有很多优秀的传统，诚信，就是其中一个令我们每一个人都应该珍惜的无价之宝！孔子"人而无信，不知其可也"的警示还回响在耳畔；曾子为妻子一句戏言而给孩子杀猪的故事流传了千年；梅艳芳拖着患了绝症的身体连开八场演唱会以兑现自己的诺言。从古到今，这些关于诚信的言行无不放射着璀璨的光芒！激励着我们！鞭策着我们！

让我们选择诚信，因为它比美貌来得可靠。没有美貌的人生或许是没有亮点的人生，但没有诚信的人生则足以使人生失去所有的光明！让我们选择诚信，因为它比机敏来得憨实。诚信好比一个乡间小伙，他每天只知道弓着黝黑的脊梁在人生的沃土上默默耕耘，机敏则更像一个电脑黑客，他总是那样才思敏捷、头脑灵活，却总是不露真相地让人紧张。让我们选择诚信，因为它比金钱更具内涵。举着"金钱万能"旗号东奔西走的人生注定是辛苦乏味的人生，满身的铜臭最终带来的也不过是金钱堆砌而成的冰冷墓穴，而诚信，能给人生打底润色，让人生高大起来、丰满起来。它给生命灌注醉人的色泽与丰富内涵，让生命在天地之中盈润注目、善始善终！让我们选择诚信，因为它比荣誉更具时效性。没有一蹴而就的业绩，没有一成不变的江山，没有人可以顶着荣誉的光环过一辈子。荣誉是短暂的，它再美丽，也只是人生旅途上一小片美丽的风景。但诚信是培植人生靓丽风景的种子，你一直耕耘，它就会永远美丽！你将诚信的种子撒满大地，你的人生就将会美丽到天长地久！

诚信是一面火红的旗帜，旗帜不倒，真情永驻！让我们在生命的海滩上，拾取诚信的五彩贝壳。人海茫茫，让我们在相互的交流中，留些诚信做友谊的基座，回报你的将是一片春光！

然而，你可曾想过，户外篝火，我们需要自己带上火柴才能点燃；走进暗夜，我们需要拨开心头的云雾才能望见满天星斗。同样，诚信也需要我们每个人都拿出自己的真诚！

无须感叹世态炎凉，不必埋怨人心不古。因为美好的一切就在你我手中，正如诚信的期盼同样在你我心中一样！让我们带着诚信上路！在旷野中开出道路，在沙漠中凿开江河！让我们用完美的人格、开阔的心胸，去感受诚信的温暖、创造出一片真实的天空！！

第八章

# 主持训练

## 一、应知内容

主持人是一场晚会或一次活动现场的主要引导者和操控者。主持人水平的高低以及现场把握能力在很大程度上决定着一次活动的成功与否。

### （一）担任主持人的基本要求

#### 1. 敏锐的观察能力

主持人要时刻注意现场发生的一切，好的主持人能通过对现场观众的观察及时调控气氛，使整个活动始终保证不仅围绕主题而且能密切联系观众。

#### 2. 准确的记忆能力

不仅要准确记住主持词，而且要准确记住到场嘉宾、演员姓名和节目名称。有些主持人"手不离卡，眼不离稿"，甚至把领导职务、单位名称读错，使活动效果大打折扣。

#### 3. 丰富的想象能力

不管主持任何活动，主持人的想象能力都是不可或缺的。主持稿件是一个脉络一个依托，但不是框框更不是束缚，想象力使思维活跃，使语言充满美感和浪漫的色彩。

#### 4. 灵敏的应变能力

任何活动都不敢保证不出现或大或小的失误。这个时候就要看主持人的临场发挥了。灵敏的应变能力是一个优秀主持人必备的素质，对现场突发事件的处理能反映一个主持人的综合素质和应变能力。优秀的主持人能将"坏事"变为"好事"。

#### 5. 明快的表达能力

洪亮的声音、优美的音色，再加上准确流利的语言表达，会让你的主持清新靓丽，主持人也会给整个活动增光添彩。

具备了以上基本要求，再加上得体的态势语、渊博的知识和尽量多的才艺，就不难成为一个合格乃至优秀的主持人了。

### （二）主持类型

#### 1. 会议主持

会议主持要根据会议性质、内容及与会人员的不同略有不同，如果是大型的、正式的会议反倒相对容易，因为无须脱稿，不能即兴发挥，严格按照程序进行，只要不紧张一般不会出现什么差错；如果是班团会就相对自由活泼一些。这些活动的主持不做重点讲述。

#### 2. 联欢会主持

联欢会主持是比较常见也比较实用的一种主持活动。它经常是一个单位在某个重大活动或重要节日期间所举办，一般是歌颂型，中间穿插各类表彰。这类联欢会首先是确定一个主题，然后围绕主题组织节目，开头和结尾对主题加以强调即可。现在大多数联欢会都要介绍到场领导和赞助嘉宾，这些事可以写在卡片上当场读，只要仔细，一般不会出错。

# 二、应会内容

### （一）会撰写主持词

会撰写主持词是一个优秀主持人必备的素质。撰写主持词应该注意以下几个问题。

#### 1. 紧扣主题

任何一个活动或晚会、联欢会都会有一个主题，作为主持人虽然不必每一句话都突出主题，但应该做到时时强调主题，让观众不断了解、强化举办这次活动的原因以达到举办者的目的。作为主持人绝不能信马由缰信口开河离题万里，更不能为了表现自己的口才和才艺长时间占据舞台。

#### 2. 切勿牵强附会

有的主持人因为对活动主题了解得不深不透，对节目又没有仔细研究，其主持词听上去让人云山雾罩。原因就是把节目和主题硬是从表面生拉硬拽在一起，让人听了哭笑不得。

#### 3. 中间串词要画龙点睛

一般活动的开头都会反复强调主题、介绍到场嘉宾、领导和赞助单位。这些已经占去了大量时间而且易引起观众的反感，如果在每个节目间，主持人再喋喋不休就会令人生厌。

### （二）会掌控局面处理突发事件

任何活动都有可能发生意外，这就是考验一个主持人综合素质和应变能力的时候了。好的主持人会变坏事为好事，会让大家从惊吓或其他情绪中快速回到正确轨道上来。这个素质与平时的学习和积累密不可分。

### （三）会照顾搭档

很多时候是两个人、四个人或更多人合作主持一个活动。这种情况更多的是展现一个主持人的主持礼仪和综合素质。好的主持人不仅会把自己该负责的事情做好，还能不动声色地为同伴补漏搭台。有时话可能不多却字字珠玑。而有的主持人恰恰相反，不仅给自己加词而且抢话，在台上无视搭档自己喋喋不休其实是废话连篇令人生厌。在上下台时，作为男性主持人更要注意要跟在女主持人身后，而不该在前面。

# 三、训练内容

**训练一**

1. 用 3~5 句说明性话语介绍你最熟悉的同学。

2. 连词成句训练：

　同学会　咖啡　遭遇　春天　衣服　破了　环保

3. 续句练习：几个人一组，确定中心后依次续说。

4. 扩句练习：

　今天很冷（请描绘天气冷但不能出现"冷"这个字）

　汽车真挤（请描绘车很挤但不能出现"挤"这个字）

5. 扩成语为故事：滥竽充数，狐假虎威等。

6. 即兴编顺口溜。

**训练二**

1. 设计一段开场白（随便什么主题）。

2. 设计串词（至少串联三个节目）。

3. 设计一段结束词。

4. 独立主持片段。

**训练三：即兴评述**

选取一个题目，比如说看过的电影、电视、小说，然后有条理地组织一段语言。如果能说出在文采和修辞方面有一些造诣的话就更好了。

**训练四**

请撰写一篇以"庆国庆"为主题的文艺晚会的主持词。

**附主持词：**

**一、教师节朗诵比赛主持词**

　男：尊敬的各位领导、各位老师：

　女：亲爱的同学们：

　合：大家好！

　男：我们刚刚度过了第 X 个教师节，全国上下正在深入学习全国教育工作会议精神，全面贯彻《国家中长期教育改革和发展规划纲要》。

　女：此时此刻，我们歌颂所有辛勤耕耘、挥洒青春和汗水的教师。

　男：此情此景，我们再次把鲜花和掌声送给那些默默无闻、无私奉献的老师们。

女：忘不了您和风细雨般的叮咛，荡涤了每一名学生心灵上的尘埃。

男：忘不了您浩荡东风样的话语，鼓起了所有青少年前进的风帆。

女：愿我们的谢意编成一束不凋的鲜花，给所有老师的生活带来无限芬芳。

男：愿我们的祝福化作一首激情的诗篇，祝教育事业——

合：谱写出更加靓丽的篇章！

男：作为唐山市第 13 届全国推广普通话宣传周系列宣传活动之一，

女：作为唐山市加强教师队伍建设特别是师德建设的重要举措之一，

男：由唐山市教育党委、市教育局、市语委共同举办的，

女：唐山市教育系统"歌颂人民教师弘扬高尚师德"朗诵艺术大赛现在开始！

男：本次大赛，共有集体朗诵节目 11 个、单项朗诵 10 个。他们分别来自我市的 18 个县（市）区或市直学校，是经过各县（市）区和市直学校初赛推荐、市语委组织筛选后确定参加全市大赛的，涉及教师学生 700 余人。

男：下面，首先介绍出席本次大赛的各位领导，他们是：……

女：担任本次朗诵艺术大赛评委的是：……

男：下面宣读比赛规则：

本次大赛共设 5 位评委，采取去掉最高分和最低分，取三位评委的平均分作为选手最后得分的方式进行。比赛分为集体节目和单项节目两个组别，共设集体节目一等奖一名、二等奖两名、三等奖三名、优秀奖五名；单项节目一等奖一名、二等奖两名、三等奖三名、优秀奖四名。

女：下面宣读比赛评分标准。

①语言规范，声韵调无错误和缺陷 30 分。

②表达准确，思想内容与情感抒发、逻辑形式相一致 30 分。

③表现力强，声情并茂，服饰、形体和谐，富有艺术感染力和一定的创意 40 分。

男："歌颂人民教师弘扬高尚师德"朗诵艺术大赛正式开始。

1. 女：学高为师，身正为范。老师之所以被称为人类灵魂的工程师，不仅仅是因为他们有渊博的知识，而且是因为他们拥有高尚的品德，他们用一言一行一举一动教育影响着每一个孩子学做真人！正所谓师德传万代师魂铸春秋。

请听迁安二中飞翔朗诵艺术团带给大家的《师德传万代　师魂铸春秋》

请评委亮分

2. 男：我用语言播种，我用彩笔耕耘，我用汗水浇灌，我用心血滋润，只要我的幼苗能长成参天大树，我不悔粉笔灰染白我的双鬓，只要我的希望能把他们的前路照亮，我宁愿把自己化作灰尘，我骄傲，我是一名教师。

请听《我骄傲，我是一个教师》参赛者：路北区实验小学红烛之声朗诵艺术团 樊静

……

下面公布 1 号参赛队的成绩，去掉一个最高分，去掉一个最低分，迁安代表队最后得分为××。请评委为 2 号选手打分。

3. 女：老师，是学习旅途上知识渊博的长者，老师，是人生道路上的情谊深厚的朋友。虽然教师节已经过去，但我们对教师的尊敬却永存心底，老师，请接收我这迟到的祝福！节日快乐！请听滦县第四实验小学带给大家的《教师赞》

……

下面公布 2 号选手的成绩，去掉一个最高分，去掉一个最低分，2 号选手樊静的最后得分为××。请评委为 3 号参赛队打分。

（略）

请评委为 21 号选手打分，嘉宾表演或领导讲话。

下面公布 21 号选手的成绩，去掉一个最高分，去掉一个最低分，21 号选手的最后得分为××。

下面公布单项节目组比赛结果：……

获得优秀奖的是：……

下面请获得单项节目组优秀奖的选手上台领奖，有请×××同志为他们颁奖！

获得三等奖的是：……

请获得单项节目组三等奖的选手上台领奖，有请×××同志为他们颁奖！

获得二等奖的是：……

请获得单项节目组二等奖的选手上台领奖，有请×××同志为他们颁奖！

获得一等奖的是：……

请获得单项节目组一等奖的选手上台领奖，有请×××同志为他们颁奖！

下面公布集体节目比赛结果。

获得优秀奖的有：……

下面请获得集体节目组优秀奖的选手上台领奖，有请×××同志为他们颁奖！

获得三等奖的有：……

请获得集体节目组三等奖的选手上台领奖，有请×××同志为他们颁奖！

获得二等奖的有：……

请获得集体节目组二等奖的选手上台领奖，有请×××同志为他们颁奖！

获得一等奖的有：……

请获得集体节目组一等奖的选手上台领奖，有请×××同志为他们颁奖！

结束词：

男：如歌的时代，需要创新，需要广大教师积极投身教育改革的浪潮。

女：如歌的岁月，需要诗情，需要广大教育工作者的无私奉献。

男：愿广大教育工作者在全国教育工作会议精神和《国家中长期教育改革和发展规划纲要》的指引下，更加信心百倍，斗志昂扬。

女：老师们、同学们，我们今天相聚，把心灵中的感动、景仰和期待，凝聚成真诚的祝福，祝老师们身体健康，万事如意！

女：祝各位参赛选手，工作学习顺利，愿唐山教育事业再创新的辉煌！

男：唐山市教育系统"歌颂人民教师弘扬高尚师德"朗诵艺术大赛到此结束。

女：各位领导各位老师、亲爱的同学们，再见！

### "2016，梦想起航"迎评估联欢会主持词

尊敬的各位领导、各位专家老师、亲爱的同学们。

合：大家好！

男：100多年前，担负着救国救民，振兴中华的责任，一座简陋的学堂应运而生；

女：100多年后，沐浴着新世纪的春风，一所生机勃勃的学校正向一个新的目标阔步前进。

男：100多年的风雨沧桑，

女：100多年的拼搏进取，

男：100多年的春华秋实，

女：100多年的璀璨辉煌。

男：此时此刻，所有的目光都在仰望，仰望滦师一百多年的深沉；所有的步伐都在丈量，丈量滦师一百多年的悠长；

女：所有的胸怀都在吸纳，吸纳滦师一百多年的菁华；所有的心灵都在企盼，企盼滦师下一个百年的辉煌。

男：在这美好的日子里，我们非常高兴地迎来了省教育厅评估组的专家们和唐山市的领导们。

女：你们的到来，带给我们激励，带给我们鼓舞，点燃了奋斗的激情，放飞了腾飞的希望。

男：让我们用掌声对各位领导和专家老师的到来表示热烈的欢迎和衷心的感谢！

女：皇皇名曲，抒写滦师人青春的欢畅；

男：翩翩舞姿，挥洒滦师人奋进的激情。

女："2016 梦想起航"迎评估文艺汇报演出现在开始。

（1）健美操《舞动青春》

男：我们的学校，有现代化的建筑，更有现代化的办学精神；

女：我们的学校，有师生们共同成长的足迹，更有放眼未来的胸襟；

男：请欣赏

（2）幼儿舞蹈《姥姥的布老虎》

男：滦师百年春华秋实，有了老师们的辛勤耕耘，成绩斐然，

女：滦师百年岁月如歌，有了同学们的努力拼搏，桃李芬芳。

男：下面请欣赏：

（3）舞蹈基本功展示《舞韵当风》

男：在滦师，我们得到了多种锻炼，

女：在滦师，我们学到了多种本领，

男：在滦师，素质教育得已全面实施。

女：接下来请欣赏：

（4）童话剧《老虎照镜子》

女：我校历来重视学生的基本功训练，20 世纪 50 年代，形成了"音体美劳作"等基本功过硬的特色，我校的毕业生被称为大滦牌、老滦牌，得到了社会各界的广泛赞誉。几十年过去了，一届又一届的毕业生秉承滦师的光荣传统，将这一优势发扬光大。下面有请部分学生向各位展示基本功！请同学们就位。

女：我曾在历史的足迹中，寻找你的起点；我曾在中国的教育史册上，看到你的辉煌；我曾在三尺讲台上，书写你的功绩；我曾在祖国建设中，一展你的坚强；每一次回眸，你的脚步都跨越历史，与光荣相邀；每一次相聚，我的欢呼都是献给母校的花海歌潮；让我们把目光再一次聚焦在历史的长廊，与先贤们共诉衷肠！请欣赏：

（5）诗朗诵《滦师百年》

男：今日的滦师，无论一草一木，都绽放出最炫丽的美景。

女：今日的滦师，无论男女老少，都洋溢着最幸福的笑容。

男：让美妙的歌声激扬七色的彩虹，把无尽的憧憬和希望铺遍大地！

女：让娇艳的鲜花衬托醉人的笑容，把所有的辉煌和灿烂撒满天空！

（6）小提琴独奏《花儿与少年》

男：百年滦师是一部长卷，我们满怀崇敬轻轻翻阅。百年滦师是一曲赞歌，我们捧着一颗心深情吟唱。一百多年的跋涉，我们从羊肠走向大路。一百多年的奋斗，我们从胜利走向辉煌。

（7）电子琴弹唱《阳光真好》《美丽小天使》《红星歌》《外婆的澎湖湾》

男：滦师是一首意境优美的诗，奋进是节拍，和谐是旋律，效益是韵脚，

滦师是一幅七彩的画，用素质作颜料，用创新来点染，用爱心来调和，滦师是一首悠扬的歌，从关关雎鸠唱到青青子衿再唱到阳关三叠，从一百多年前的筚路蓝缕唱到今天，恰如绯红的太阳正在喷薄！请欣赏：

（8）歌曲联唱《烛光里的妈妈》《军营飞来一只百灵》《彩云阳光》

下面请同学们向各位领导和专家老师展示我们的作品！

男：美丽的滦师星光灿烂。

女：和谐的滦师激情无限。

男：昨天，我们曾经创造了历史。

女：明天，我们将创造更大的奇迹。

男：请欣赏：

（9）女子群舞《凌波雀影》

男：一百零五年，是一条蜿蜒曲折的征程。多少汗水，多少奇迹留在我们的记忆里。

女：一百零五年，是一幅美丽的壮锦。多少自豪，多少荣光激励着我们继续前行。请欣赏：

（10）幼儿舞蹈《美丽的壮锦》

男：缤纷的桃李，灿烂的阳光。

女：沸腾的校园，荣誉的芳香。

男：生命在创新中延伸。

女：滦师在奋斗中成长。

（11）《节日欢歌》

结束语：

男：蔚蓝的天空，早已点燃飞向彼岸的信念；

女：扬起的风帆，早已充满拥抱未来的激情。

男：一百多年的风雨征程，不是结束，而是开始；

女：一百多年的奋斗拼搏，未到终点，仍有续篇。

男：告别昨天，我们将站在新的起点，

女：展望明天，我们将用汗水塑造更加壮美的青春风景线。

男：2016 让我们的梦想起航！

合：2016 让我们的梦想起航！

# 第九章

# 解说（导游）训练

## 一、应知内容

解说，是说明事物、解释事理、介绍人物的一种口语表达方式、分为景点、场馆解说（导游），赛事解说和纪录片配音解说。本教材只讲授景点、场馆解说（导游）。

解说的基本要求：

（1）语言流畅，吐字清晰，音量适中。

（2）内容真实，条理清楚，特点突出。

## 二、应会内容

### （一）景点、场馆解说（导游）的方法

#### 1. 虚实结合法

一定要对自己的解说对象了然于胸，要尽量多地掌握和景点有关的知识和典故。有些故事和典故属于民间传说，不见得真实但却能激发观众兴趣，所以适当讲一些会使解说更富有感染力和幽默感。

#### 2. 突出重点法

在具体讲解时切忌面面俱到。要突出具有代表性的景观，要学会以点带面，多介绍参观游览点的特点和与众不同之处。一处景点，往往内容很多，解说人员必须根据不同的时空条件和参观对象区别对待。做到轻重搭配，详略得当，必要时去粗取精，去伪存真，由此及彼，由表及里。

#### 3. 设置悬念法

在讲解时提出令人感兴趣的话题，但故意引而不发，激起观众急于知道答案的欲望，使

其产生悬念的方法即为设置悬念法，也叫"吊胃口""卖关子"。这是一种"先藏后露、欲扬先抑、引而不发"的手法，一旦"发（讲）"出来，会给听众留下特别深刻的印象，而且解说员可始终处于主导地位，成为旅游者的注意中心。

### 4. 画龙点睛法

用凝练的词句概括所游览景点的独特之处，给听众留下突出印象的解说法称之为画龙点睛法。解说员在讲解中以简练的语言，点出景物精华之所在，帮助听众进一步领略其奥妙，让他们获得更多更高的精神享受。这种画龙点睛的介绍方法，能使游客在游览中得到了知识的启迪，获得了美的享受。

除上述方法外，还包括知识渗透法、概括法（平铺直叙法）、简述法、详述法、引用名句法、课堂讲解法（例如作专题讲座）、由点及面法、由此及彼法、联想法，等等，这里不再一一介绍。解说方法很多，然而，在具体工作中，各种解说方法和技巧不是孤立的，而是相互渗透、相互依存、互相联系的。解说员在学习众家之长的同时，必须结合自己的特点融会贯通，在实践中形成自己的解说风格，并视具体的时空条件和对象，灵活、熟练地运用，这样，才能获得不同凡响的解说效果。

## （二）景点、场馆解说（导游）的注意事项

### 1. 解说员所处位置

如果是户外景点，解说员一般在队伍的前部一侧，保持随时侧面或正面对着观众；如果是场馆内解说，解说员大多数时间应该面对观众，偶尔看一下展板。

### 2. 解说员的音量

解说员的音量一是忌小，二是忌噪。音量要适中，户外解说最好戴上随身的扩音器，室内解说可根据观众多少决定是否戴上扩音器。

### 3. 解说内容的调整

观众来自不同领域不同阶层，解说员一定要时时关注听众的反应，做好精讲或详讲的随时调整，最忌不看观众反应，一味按照自己的意愿死板教条地宣讲下去。

### 4. 了解观众情况

如果具备条件，解说员最好事先了解观众的情况（包括职业知识水平等），做到有的放矢。

# 三、训练内容

做一次自我介绍、家庭成员、老师、同学等（最好只介绍优点但要真实）；
介绍景点（要注意介绍顺序），指明道路（注意思路、语言要简练清楚）；
介绍某种家用电器、产品等。

# 第十章

# 辩　　论

## 一、应知内容

### （一）什么是辩论

辩论是指彼此用一定的理由来说明自己对事物或问题的见解，揭露对方的矛盾，以便最后得到共同的认识和意见。

### （二）辩论的特点

（1）辩论人员的双边性：辩论是双边活动，最少两人参加。

（2）辩论观点的对立性：双方观点是对立的，或是或非，这样才有辩论的可能，否则就是谈判。

（3）论证的严密性：只有合乎思维逻辑的辩论，才可能获胜，否则只能是诡辩。

（4）追求真理的目的性：辩论目的是追求真理，取得共识。

### （三）辩论的优点

（1）开阔思维，锻炼口头表达能力、查找资料的能力、搜索的能力、统筹分析的能力等。

（2）让辩者开动脑筋，从多方面去考虑问题，发散思维。

（3）加强辩论团体之间的默契、团结协助能力，增加友谊。

（4）对辩论问题有一个新的看法，追求真理。

（5）比较胆小的辩者在辩论中可以锻炼自己的勇气，在大众面前可以侃侃而谈。

### （四）辩论的结构

辩论的过程一般有开始、展开、终结这三个阶段，缺少其中任何一个阶段都不是一场完整的辩论。因此，一场完整的辩论一般应由论题、立论、驳论、结辩四个部分组成。

### （五）辩论比赛的流程

辩论比赛的流程并没有一个绝对固定的要求，但其基本框架还是有的。现在最知名也相对成熟的比赛是国际大专辩论赛，其赛制也在不断发展完善。

在此，我们只是给大家提供一些参考，辩论赛的组织者要根据实际情况进行适当调整。

#### 参考比赛流程

（一）如果参赛队伍较多，可采用预赛、复赛、半决赛和决赛四轮比赛。通过比赛选出优胜队参加下一轮比赛。比赛采用评判团成员投票表决的办法。所有比赛时间相同，具体程序如下：

（1）主席致开场词，介绍正反双方参赛队员、评判团成员和比赛规则并宣布辩题。

（2）立论开始，正反两方一辩依次进行，时间各三分钟。

（3）攻辩时间6分钟，每队各3分钟。

（4）攻辩小结，每队各1分30秒。

（5）自由辩论8分钟，每队各4分钟。

（6）反方四辩总结陈词，时间3分钟。

（7）正方四辩总结陈词，时间3分钟。

（8）评判团进行评判，工作人员作计分统分工作。

（9）请本场的评判代表分析赛情。

（10）主席宣布本场比赛各队的得分情况及最后结果。

（11）比赛结束，退场。

注：每位辩手发言时间剩30秒时，将有一次提示，当辩论时间用完时，将有提示，辩手应立刻停止发言。

（二）攻辩规则及自由辩论规则。

1. 攻辩。

①质询者控制质询时间，可以提出与题目有关的合理而清晰的问题，并可以随时停止被质询者之回答。

②攻辩时间内，质询者应询问问题，不得自行申论或就质询所获之结果进行引申，否则视为违规。

质询者自行申论或引申发言时，答辩者有权要求其停止。

③答辩者应回答质询者所提之任何问题，但问题明显不合理时，被质询者得说明理由，拒绝回答。

④答辩者可以要求质询者重述其质询，但不得恶意为之，否则视为违规。

⑤答辩者不得对质询者提出询问，否则视为违规。

⑥答辩者提出反质询时，质询者得要求其停止，并拒绝回答。

2. 自由辩论。

①自由辩论时间总共为 8 分钟，每队各 4 分钟。

②自由辩论必须交替进行。当自由辩论开始时，先由正方任何一名队员起立发言。完毕后，反方的任何一位队员应立即发言，双方依次轮流发言，直到双方时间用完为止。

③在自由辩论时间里，每一位辩手的发言次序、次数和时间均不受限制。

④当一队的发言时间剩 30 秒钟时，将有一声笛声提示，当该队的发言时间用完时，会有两声笛声提示，该队应立即停止发言。

⑤如果一队的发言时间已经用尽，另一队还有剩余时间，则该队的辩手可以继续发言，直到该队的时间用完为止。

⑥自由辩论是检验一个队整体配合能力以及每一位辩手实力的重要阶段。辩手应充分利用这段时间，简洁明了地加强自己的论点，机智有力地反驳对方的论点，如果流于空洞无物的攻击或有意回避对方的质询及发言观点，或者出现语误、空场等情形，都将影响该队的成绩。

注：各队辩手辩论中可将资料集中在自制卡片上，发言时以备参考，但不能宣读事先已拟好的稿件或展示预先准备好的图表或字板。在自由辩论时队员可以相互提供发言线索。

# 二、应会内容

## （一）辩论攻击技巧

攻击，即在自由辩论中的主动进攻，主动发问。这在每个辩论队都是不可或缺的。然而，攻击能不能有效，又是由多方面因素决定的。

### 1. 攻击的准备

这在辩论战略方案确定、辩词定稿之后就应该着手准备了。一般而言，每位辩手应该根据自己所阐述的内容准备向对方发问的问题，可根据自由辩论时间的长短来准备问题，若是初次上场，则应该准备 20 个问题左右。如果是这样，四个辩手准备的问题就应该大约有 80 个。在有的比赛中，有的队员有时间却没有问题可以问，这就是准备不足导致的。

准备提问的问题，应该从三个层面上进行准备。

一是现象层面的问题，又称事实层面问题。这类问题极易引起听众的共鸣，提得好则很容易出彩、出效果。但是需要注意的是，不可故做新奇而偏离辩题，那是会产生负效果的。

二是理论层面的问题，又称论据层面问题。即对本方论点给予引申，对对方的论据予以驳击的问题。这类问题，直问要提得尖锐，曲问要问得巧妙，反问要提得适时，逼问要问得机智，其效果就是让对方不好回答又无法回避。

三是价值层面的问题，又称社会效应层面问题。即把对方论点、立场引申，从价值层面、社会效应层面去延伸它的效应，看其是否具备说服力，能否站得住。这类问题，一是能够扩大自由辩论的战场，给对方造成被动，同时也是争取听众、评委认同的重要侧面。当然，如果辩题立场对本方不利，就应该慎重使用，以免搬起石头却砸了自己的脚。

这三类问题中，事实层面的问题可包括历史事件、现实事实、国别事实、数字事实等；而理论层面的问题除了立场中的论据，也可以延伸达到公理、哲学的层面。

有了这三个层面的问题准备，就能够构成立体阵势，可以打自由辩论的立体战斗，让对方陷入立体包围之中的被动局势就很容易造成。我们看到在比赛中，不少辩论队只准备了一个层面的问题（大多是现象层面的问题），只在有趣上花时间，其结果是打击力不强，且问来问去总是流于肤浅的现象之争，有时则由事实引发事实而偏题，变成了一般的语言游戏、提问游戏去了，辩论的深度不容易看到，这就令人遗憾了。

## 2. 攻击的组织

自由辩论中的有效攻击，应当体现出攻击的有序性，即看得出轮番上阵的脉络。为了达到这个目标，场上应该有"灵魂队员"，或者称为"主力辩手""主辩"。由哪个辩手来充当这个人物都可以，但是一般由三辩或一辩、二辩来充当。有时，四辩也是很好的充当此人物的角色。他的任务就是要不仅透彻地知道本方的立场，也要透彻地知道对方的立场，规定陈词一结束就能够发现对方的主要问题，从而有效地发起进攻。

灵魂队员的任务是：

（1）有冷静地把握整个自由辩论战斗局势的眼光，攻击务求有效。

（2）充当场上的指挥员。发问不在多，而在精。其发问不仅是对对方的攻击，也是对本方立论的揭示和强化。

（3）承担主动转移战场的任务。如在一个层面上问久了，则转向另一个层面发问；在一个层面处于被动，僵住了，则要转向另一个层面，开辟新的攻击点和战场。

（4）对对方提出的危及本方底线、事关要害的问题，能够有效地化险为夷、转危为安、化被动为主动。

（5）对本方误入对方圈套、远离本方、陷于被动之中的局面，要能够挽回并再发起攻击。

当然，其他队员要主动配合，主动呼应，才能形成整体的力量，这就需要队员之间的默契，形成"流动的整体意识"。

攻击的组织，其要点就在于形成整体的有序流变性，而不是东一榔头西一棒槌，鸡零狗碎。零碎的攻击谈不上组织，它或许也能够有鳞光耀金的效果，但是对于群体辩论而言，是不可能握有主动权的。

攻击的组织在上场前可以有如下的检查指标：一是有没有组织者，也就是有没有"灵魂队员"，其组织、应变能力如何？二是整个队伍与之有没有心悦诚服的默契和感应？三是整个队伍对特定的辩题的立场认识是否完全一致，有没有大的梗阻？四是准备了几个层面的问题？这些问题可以对付、支撑多难的场面？能够支持多长时间？五是对于非常艰难的、苛刻的尖锐问题，本方研究到什么程度？有没有好的应对策略？六是自由辩论中将会出现的最为险难的局面，将会一种什么状况？本方应该怎么对付？把这六个问题都想清楚了，都有了解决的办法了，那么攻击的组织也就有序、主动了。

### 3. 攻击的发起

攻击的技巧，主要有以下几种。

（1）设置两难。即设置两难的问题，无论答此或答彼都将陷入被动。但是一定要对准话题，不可以做无病呻吟。

（2）主动引申。即将对方的某个事实、某句话加以引申，造成本方主动、对方被动。

（3）以矛攻盾。即将对方论点和论据间的矛盾、这个辩手和那个辩手陈述中的矛盾、某个辩手陈词中的矛盾、答这个问题和答那个问题之间的矛盾或其他方面的矛盾予以披露，令其尴尬，陷其于难堪。

（4）归谬发问。即将其论点或论据或其他问题引申归谬，陷其于左右被动，无力自救。

（5）简问深涵。即问题很简单，但含义很深刻，与辩题密切相关。答准确很难，但是答不出来就很丢人，估摸回答却不准确，这也很容易陷入被动。

（6）撕隙抓漏。即将对方的一小道缝隙撕裂撕大，将其明显的漏洞失误给予揭发提问，令其难堪。

（7）熟事新提。人往往对于身边、自身很熟悉的事物却不经意，所谓熟视无睹，充耳不闻，或非常熟悉却只知道大概却不明白它的详细。一般对这类事情提问，也很容易让对方陷入被动。

（8）逼入死角。即把对方的问题逼入死角，再发问，令其难以逃脱。

（9）多方追问。即从几个方向、几个侧面、几个层次上同时问一类问题。但是要注意的是，这类问题必须对准一个核心，即辩论的主要立场和观点，以造成合围的阵势，使对方没有招架的能力，更没有回手的能力。

（10）夹击发问。即两个或多个人同时问同一类或一个问题，造成夹击态势，使对方顾此失彼。

（11）同题异问。即面对同一个问题，以不同的角度提问，使对方难以自圆其说，应接不暇。

（12）异题同问。抓住对方的不同问题、不同表述加以归纳，概总而问，从问题的深度与高度上使其无法把握，无力应答。

（13）反复逼问。对本方提出的对方非答不可的问题，对方闪避了，就可以反复逼问，但是一般不能超过三次，不可以无限发问，那样反会造成无题可问，或令听众厌烦的负面效果。

（14）辐射发问。即一个问题在提出时，同时威慑到对方四个辩手，犹如子母弹一般。这类问题，一般多在哲学或价值层面上发问。

（15）同义反复。即同一个问题，用不同的语言方式（或角度不同，或问语不同）发问。这类问题，多为辩论的主要立场、观点方面的问题。

（16）近题遥问。即看似很近的事，用远视点来透视和提问。对方遥答往往答不得，近答又很难接上，陷入了难以捉摸、无从下手的窘境。

（17）击情提问。即用心理调控的手段，直击对方情绪层，使其激动，引发情绪连动，从而淹没对方的理智。但是要注意的是不能够进行人身攻击与情绪对情绪，更不可陷入无理纠缠甚至胡搅蛮缠，那就画虎不成反类犬了。

（18）布陷发问。也就是布置一个陷阱，让对方来钻，或想方设法将之套进去。其更高技巧就是连环套。

（19）长抽短吊。即忽然提这样的问题忽然又提那样的问题，不离辩题却又忽东忽西，以思维的快捷与机智来取得主动。

（20）答中之问。分为两种，一种是在对方答问时发现问题（包括陈词阶段发现的问题）予以提问，另一种是在自己回答对方问题时的反问。

### 4. 攻击的风格

由于自由辩论如疾风迅雷，所以不同场次、不同队伍的辩论风格也不尽相同。没有形成风格的队伍即使辩胜，也只是初级层次的。因此，有风格意识并力争形成自己的辩论风格，是一支辩论队有追求、有实力的表现。它其实是一支队伍整体人格的呈现。

攻击的风格一般而言有情绪型、理智型、稳健型三种。

情绪型的队伍往往只在趣事、情绪化的层面上实施攻击。它也能够引发一些活跃的效果，但是也易于耽于情绪、就事论事，甚至会误入谩骂的泥淖，使辩论流于表面，层次不高，缺乏应有的深度。

理智型的队伍往往执着于理辩的层面，这容易体现思辨与深度，但是又会失之于辩论的活泼不足，弱化了应有的观赏性。

稳健型的队伍因为其理智而稳健，也因为其稳健而注意到了应有的活泼，是兼取了前二者之长的。显然，自由辩论的风格当以稳健为上，从比赛的实践看，稳健型风格的辩论队不仅易于取胜，且留给观众、评委的印象也比较深刻。

## （二）辩论防守技巧

辩论中的自由辩论阶段，就是由进攻和防守两个方面组成的，因此，不仅要有进攻的准备，还要有防守的准备。只会进攻不一定能够取胜，只会防守当然就更容易陷入被动了。该防守就防守，该进攻就进攻，能攻能守的队伍才能游刃有余。防守中，应该注意的技巧有以下几个方面：

1. 盯人技巧。即各人盯住各人的对象防守。一般就是一辩盯一辩，二辩盯二辩，……即一辩回答一辩的问题，二辩回答二辩的问题，……这样各人就会有关注的具体目标，就不会出现好回答的问题抢着回答，难回答的问题就你推我让的。当然，在分工之后又讲合作，最难回答的问题，就由"灵魂队员"补救了。

2. 长项技巧。即根据各人的长项来分工，首先确认辩手各人的长项，如长于说理，长于说史，长于记忆，长于辨析，等等，则承担相应的问题来防守，这也不至于出现混乱局面或冷场。

3. 合围技巧。假如对方有一位非常突出的辩手，不仅对方整个局面靠其支撑，且对本方威胁很大甚至本方队员对其有畏惧感，一对一的战术是不太可能奏效的。那就采取合围技巧，即以全队的四个人的力量来围击、合击，从四个人不同的侧面对准他的问题，以守为攻，一般都会有效。只要他顶不住了，那对方的阵脚就会乱了，自然就会垮了。但是要注意的是，有实力甚至实力更强大的队员靠一两个回合是难以制股的，因此要有韧劲，不可太急切，争取5、6个回合使其难于招架，提不出更尖锐的问题，内在的进攻力度大大减弱，才能有取胜的基础。

4. 夹击技巧。就是对有的问题、有的队员采用二人夹击的方式来对待。

5. 高压技巧。一般在辩论赛中，由于参赛队的实力比较接近，所以在自由辩论中容易出现同位推顶的情况，这一方面容易浪费时间，另一方面不容易取胜。破解的办法是采用高位迫压防守。如对方提出的是现象问题，就将之上升到理论高度上来回答；如对方提出的是现实问题，那就从历史的角度来回答；如对方提出的是具体问题、微观问题，就以全景认识、宏观认识来回答，以此类推。使对方感到自己的思维位势稍逊一筹，从而内心产生动摇，攻击力也就随之动摇而弱化了。

6. 指误技巧。即不正面回答问题，而是指出对方所问问题在逻辑上、理论上、事实上、价值上、立场上、表达上和常识上的毛病，使之陷入尴尬局面。

7. 归谬技巧。即对有的问题不做正面回答，而是将之做概纳引申归谬，直指其终端的谬，陷其于被动的境地。

8. 反问技巧。即从反方向上反问其问题的悖常性、悖题性、悖理性、悖逻辑性，从而化被动而为主动。

9. 幽默技巧。即面对自己从容回答智有宽余的问题，适时幽对方一默，效果一定绝佳。

10. 短答技巧。对于一字、一词、一个成语、一个句子就能够答清，且能够反陷对方于被动的问题，就应该果断而适时地使用。

11. 启导技巧。对于那些喜欢滔滔不绝有演讲欲而又容易动情、不易冷静理智的辩手、表现欲特盛的辩手、语词啰唆繁复的辩手，在回答问题时不妨巧妙启发他的教导意识，任由其滔滔不绝地讲，其直接效果是消耗了对方的规定时间。

12. 揭弊技巧。在回答问题时，巧妙合理地揭示其弊端。如同一个人陈词与发问中的弊病与矛盾，前一个问题与后一个问题的矛盾，两个或数个人问题中的矛盾，等等。揭示其弊端与矛盾，使其问题本身站不住脚，防守便转为攻击，目的自然也就达到了。

13. 激怒技巧。即是答问时巧激其怒，使之心理由理智层进入情绪层，无法冷静，无从自控，就可望令其自己乱自己心绪。但是切忌不可使用人身攻击，这是违规行为。

14. 评价技巧。即不正面回答问题，而是对其问题予以评价，指其目的，断其归路。

15. 闪避技巧。即对那些一两句话难以答清的问题，采用合理闪避的方式，其基点是不离开辩题的立场。

16. 反复技巧。即以同义反复的方式回答。也就是意思一样，但语言不同。

17. 类比技巧。即面对对方的问题，不做正面拦截，而是用同类比较的方式，把问题抛回给对方。

18. 陷阱技巧。即在答问中巧设陷阱让对方来钻，然后在下一个回合中予以指驳，使对方露馅。

19. 联动技巧。即本方二人以上联动，回答问题时一唱一和，此唱彼和，你呼我应，以整体的优势对之。

20. 侧击技巧。即不正面回答问题，而从侧面引出相关问题，反请对方来回答。

21. 连环技巧。即在答问中故设连环，环环相扣，将对方的问题定格在某一环中，将其扣死。

22. 组接技巧。即将对方自己的立场或陈词、反问、答问中的语言予以组合回答，即让对方自己打自己嘴巴。

23. 名言技巧。即恰到好处地巧借名言、警语、格言、民谚、诗歌、歌词、流行语等来回答。当然也可以改头换面，重组搭配来回答。

24. 错接技巧。即有意错接问题，反让对方判断，以之主动防守。

25. 引申技巧。即将问题引申开来，揭示其实质与要害，再一口咬破，直断其喉。

### （三）其他技巧

#### 1. 节奏把握

自由辩论的时间不长，但是由于争锋剧烈，对抗性强，故往往呈现出很强的快节奏。一般而言，一强到底，一胜到底的队伍不多，这就需要有韧劲和力量持久才能取胜。故有经验的辩论队往往是先弱后强，欲擒故纵。其利在于先让对方强，以观察其底气，辨别其优劣。

#### 2. 时间把握

即从严把握本方时间，有意启导、引导对方在无意识中把规定时间及早耗尽，以造成缺席审判的情势，这对本方极为有利。

这些，仅是一般的技巧。由于辩论如战争，场上情况千变万化，有的或许有用，有的却不一定有用。根据具体赛势，熟能生巧，就会有相应的技巧创生。有道是，最高的技巧是无技巧，那当然是高境界了。而对于新辩手，了解一些一般技巧，应该不会是多余的事情。

## 三、训练内容

**训练 1　绕口令练习**

练习绕口令，提高口腔灵活度，进而提高语言表达的清晰度、流畅度。

**训练 2　贯口练习**

在保证语言清晰流畅的基础上尽量提高语速，为辩论尤其是攻辩增加气势。

### 报菜名

我请您吃：蒸羊羔儿、蒸熊掌、蒸鹿尾儿、烧花鸭、烧雏鸡、烧子鹅、炉猪、炉鸭、酱鸡、腊肉、松花、小肚儿、酱肉、香肠、什锦酥盘儿、熏鸡白脸儿、清蒸八宝猪、江米酿鸭子、罐儿野鸡、罐儿鹌鹑、卤什件儿、卤子鹅、山鸡、兔脯、菜蟒、银鱼、清蒸哈什蚂、烩鸭腰儿、烩鸭条儿、清拌腰丝儿、黄心管儿、炯白鳝、炯黄鳝、豆豉鲍鱼、锅烧鲤鱼、烀烂甲鱼、抓炒鲤鱼、抓炒对虾、软炸里脊、软炸鸡、什锦套肠儿、卤煮寒鸦儿、麻辣油卷儿、熘鲜蘑、熘鱼脯、熘鱼肚儿、熘鱼片儿、醋熘肉片儿、熘三鲜儿、熘鸽子蛋、熘白蘑、熘什件儿、炒银丝儿、熘刀鱼、清蒸火腿、炒白虾、炝青蛤、炒面鱼、炝竹笋、芙蓉燕菜、炒虾仁儿、熘腰花儿、烩海参、炒蹄筋儿、锅烧海参、锅烧白菜、碟木耳、炒肝尖儿、桂花翅子、炸飞禽、炸汁儿、炸排骨、清蒸江珧柱、糖熘芡仁米、拌鸡丝、拌肚丝、什锦豆腐、什锦丁儿、糟鸭、糖熘鱼片、熘蟹肉、炒蟹肉、烩蟹内、清拌蟹肉、蒸南瓜、酿倭瓜、炒丝瓜、酿冬瓜、熘鸭掌儿、焖鸭掌儿、焖笋、炝茭白、茄子晒驴肉、鸭羹、餐肉羹、鸡血汤、三鲜木须肉。红丸子、白丸子、南煎丸子、四喜丸子、三鲜丸子、金丸子、鲜虾丸子、鱼铺丸子、饸饹丸子、豆腐丸子、樱桃肉、马牙肉、米粉肉、一品肉、栗子肉，坛子肉、红焖肉、黄焖肉、酱豆腐肉、晒驴肉、炖肉、黏糊肉、烀肉、扣肉、松肉、罐儿肉、烧肉、大肉、烤肉、白肉、红肘子、白肘子、熏叶子、水晶叶子、蜜腊肘子、锅烧肘子、扒肘条、炖羊肉、酱羊肉。烧羊肉、烤羊肉、清蒸羊肉，五香羊肉、汆三样儿、爆三样儿、烩银丝儿、烩白杂碎、炸绣球、三鲜鱼翅、栗子鸡、汆鲤鱼、酱汁鲫鱼、活钻鲤鱼、板鸭、筒子鸡、烩脐肚、爆肚仁、盐水肘花儿、锅烧猪蹄儿、烧肝尖儿。烧肥肠、烧心、烧肺、烧紫菜儿、烧莲蒂、烧空盖儿、油炸肺、酱瓜丝儿、山鸡下儿、拌海蜇、龙须菜、炝冬笋、玉兰片、烧鸳鸯、烧鱼头、烧摈子、烧百合、炸豆腐、炸面筋、糖熘饹，炸儿、拔丝山药、糖焖莲子。酿山药、杏仁酪、小炒螃蟹、汆大甲、什锦葛仙米、蛤蟆鱼、扒带鱼、海鲫鱼、黄花鱼、扒海参、扒燕窝、扒鸡腿儿、扒鸡块儿、扒肉、扒面筋、扒三样儿、油泼肉、酱泼肉、炒虾黄儿、熘蟹黄儿、炒子蟹、炸子蟹、佛手海参、炒茭子米、奶汤、翅子汤、三丝汤、熏斑鸠、卤斑鸠、海白米、烩腰丁儿、火烧茨菇、炸鹿尾儿、焖鱼头、拌皮渣儿、汆肥肠儿、清拌粉皮儿、木须菜、烹丁香、烹大肉、烹白肉、麻辣野鸡、咸肉丝儿、白肉丝儿、荸荠、一品锅、素炝春不老、清焖莲子、酸黄菜、烧萝卜、烩银耳、炒银枝儿、八宝榛子酱、黄鱼锅子、白菜锅子、什锦锅子、汤圆子锅、菊花锅子、煮饽饽锅子、肉丁辣酱、炒肉丝儿、炒肉片、烩酸菜、烩白菜、烩豌豆、焖扁豆、汆毛豆，外加腌苤蓝丝儿。

## 小孩子

大宋朝文彦博，幼儿倒有浮球之智。司马温公，倒有破瓮救儿之谋；汉孔融，四岁让梨，懂得谦逊之礼；黄香九岁温席奉亲；秦甘罗，一十二岁身为宰相；吴周瑜，七岁学文，九岁习武，一十三岁官拜水军都督，执掌六郡八十一州之兵权，施苦肉、献连环、借东风、借雕翎、火烧战船，使曹操望风鼠窜，险些命丧江南。虽有卧龙、凤雏之相帮，那周瑜也算小孩子当中之魁首。

## 莽撞人

后汉三国年间，有一位莽撞人。自从桃园三结义以来，大爷，姓刘名备字玄德，家住大树楼桑；二弟，姓关名羽字云长，家住山西蒲州解梁县；三弟姓张名飞字翼德，家住涿州范阳郡；后续四弟，姓赵名云字子龙，家住真定府常山县，百战百胜，后称为常胜将军。

只皆因，长坂坡前，一场鏖战，那赵云，单枪匹马，闯入曹营，砍倒大纛两杆，夺槊三条，马落陷坑，堪堪废命。曹孟德在山头之上见一穿白小将，白盔白甲白旗号，坐骑白龙马，手使亮银枪，实乃一员勇将。心想：我若收服此将，何愁大事不成！心中就有爱将之意，暗中有徐庶保护赵云，徐庶进得曹营，一语未发。今日一见赵将军马落陷坑、堪堪废命，口尊："丞相莫非有爱将之意？"曹操言道："正是"。徐庶言道："何不收留此将！"曹操急忙传令："令出山摇动，三军听分明，我要活赵云，不要死子龙。倘有一兵一将伤损赵将军之性命！八十三万人马，五十一员战将，与他一人抵命。"众将闻听，不敢前进，只有后退。赵云，一仗怀揣幼主；二仗常胜将军之特勇，杀了个七进七出，这才闯出重围。

曹操一见这样勇将，焉能放走？在后面紧紧追赶！追至在当阳桥前，张飞赶到，高叫："四弟不必惊慌，某家在此，料也无妨！"让过赵云的人马。曹操赶到，不见赵云，只见一黑脸大汉，立于桥上。曹操忙问夏侯惇："这黑脸大汉，他是何人"？夏侯惇言道："他乃张飞，一'莽撞人'。"

曹操闻听，呀！大吃一惊：想当初关公在白马坡斩颜良之时，曾对某家言道：他有一结拜三弟，姓张名飞，字翼德，在百万军中，取上将之首级，如探囊取物，反掌观纹一般。今日一见，果然英勇。撤去某家青罗伞盖，观一观那莽撞人的武艺如何。

青罗伞盖撤下，只见张飞：豹头环眼、面如润铁、黑中透亮、亮中透黑、颌下扎里扎煞一部黑钢髯，犹如钢针、恰似铁线。头戴镇铁盔、二龙斗宝，朱缨飘洒，上嵌八宝——云、罗、伞、盖、花、罐、鱼、长。身披锁子大叶连环甲，内衬皂罗袍，足登虎头战靴，胯下马——万里烟云兽，手使丈八蛇矛，站在桥头之上，咬牙切齿，捶胸愤恨，大骂："曹操听真，呔！今有你家张三爷在此，尔或攻或战，或进或退，或争或斗；不攻不战，不进不退，不争不斗，尔乃匹夫之辈！"大喊一声，曹兵吓退；大喊二声，顺水横流；大喊三声，把当阳桥喝断。后人有诗赞之曰："长坂坡前救赵云，吓退曹操百万军，姓张名飞字翼德，万古留芳莽撞人"！

**训练3**

1. 有的学生（包括你）课下叫部分老师哥哥姐姐，请你说说理由。

2. 请你说服家长给你买一件东西（比如手机）。

**训练4**

请组织一次辩论比赛，题目自拟或从下列题目中任选。

1. 温饱是谈道德的必要条件——温饱不是谈道德的必要条件

2. 艾滋病是医学问题，不是社会问题——艾滋病是社会问题，不是医学问题

3. 人性本善——人性本恶

4. 治愚比治贫更重要——治贫比治愚更重要

5. 愚公应该移山——愚公应该搬家

6. 社会秩序的维系主要靠法律——社会秩序的维系主要靠道德

7. 知难行易——知易行难

8. 网络应该受管制——网络不应该受管制

9. 网络使人们更亲近——网络使人们更疏远

10. 偶像崇拜利大于弊——偶像崇拜弊大于利

11. 经济发展和环境保护能够并行——经济发展和环境保护不能并行

12. "代沟"的主要责任在长辈——"代沟"的主要责任在晚辈

13. 广告有利于大众消费——广告不利于大众消费

14. 顺境更有利于人的成长——逆境更有利于人的成长